Ganzheitlicher Religionsunterricht bei Salzmann und GutsMuths

Quellen zur protestantischen Bildungsgeschichte (QPBG)

Nr. 5

Herausgegeben von Ralf Koerrenz, Alexandra Schotte und Annika Blichmann

Gefördert vom Landesgraduiertenkolleg
„Protestantische Bildungstraditionen in Mitteldeutschland"
der Friedrich-Schiller-Universität Jena

Ganzheitlicher Religionsunterricht bei Salzmann und GutsMuths

Schriften zur Leiblichkeit und zur Leibeserziehung

Herausgegeben von Martin Goldfriedrich

EVANGELISCHE VERLAGSANSTALT
Leipzig

Bibliografische Information der Deutschen Nationalbibliothek
Die Deutsche Nationalbibliothek verzeichnet diese Publikation in der
Deutschen Nationalbiografie; detaillierte bibliografische Daten
sind im Internet über http://dnb.d-nb.de abrufbar.

© 2014 by Evangelische Verlagsanstalt GmbH · Leipzig
Printed in Germany · H 7743

Gedruckt auf alterungsbeständigem Papier.

Umschlag: Kai-Michael Gustmann, Leipzig
Satz: Katja Rub, Leipzig
Druck und Bindung: Docupoint GmbH Magdeburg

ISBN 978-3-374-03759-9
www.eva-leipzig.de

„Die Erziehung, in schöner weiblicher Gestalt, an den Altar der Natur gelehnt,
neben ihrer Rechten das Symbol der Bildung, in ihrer linken Hand das der Leitung,
wacht über die Spiele der unschuldigen Kleinen."

GutsMuths, J. C. F.: Spiele zur Übung und Erholung des Körpers und des Geistes (1796).

INHALT

Vorwort

Die Zeit der Aufklärung bringt nicht nur Veränderungen hinsichtlich eines neuen Menschenbildes mit sich, sondern sie bereichert insbesondere am Ende des 18. Jahrhunderts auch die Pädagogik, die sich in einer eigenständigen Bewegung, dem Philanthropismus, manifestiert.

Die Vertreter Christian Gotthilf Salzmann und Johann Christoph Friedrich GutsMuths gelten in dem Feld der praktischen Pädagogik als Zentralfiguren ihrer Zeit. Zusammen wirkten beide 25 Jahre am Philanthropin zu Schnepfenthal, eine Erziehungsanstalt, die als Vorreiter der sogenannten Landerziehungsheime angesehen werden kann.[1] Aber auch die theoretischen Schriften der beiden Pädagogen sind für die historische Bildungsforschung schon deshalb relevant, da sie einerseits systematisch die damalige Erziehungs- und Unterrichtspraxis reflektieren und sie sich andererseits an philosophischen und theologischen Schriften antiker und zeitgenössischer Größen orientieren.

Christian Gotthilf Salzmann (geb. am 1. Juni 1744 in Sömmerda, gest. am 31. Oktober 1811 in Schnepftenthal) wurde, nach seinem Studium der evangelischen Theologie an der Universität Jena, zunächst Pfarrer in Rohrborn, wo er mit einem vielfältigen Elend innerhalb der Landgemeinde konfrontiert wurde, welches er mit großem sozialem Engagement zu bekämpfen versuchte. Nach der Veröffentlichung seiner Disputation „De Praeparatione Theologi" im Jahre 1767 nahm Salzmann fünf Jahre später eine Pfarrstelle an der Andreaskirche in Erfurt an. 1781 wurde er an das Philanthropin Johann Bernhard Basedows nach Dessau berufen, wo er – in freundschaftlichem Verhältnis mit Rudolph Zacharias Becker – eine Lehrtätigkeit an der sogenannten „Pflanzschule der Menschheit"

---

1 Vgl. Brachmann 2013, 161–183.

übernahm. Salzmann ging schnell auf die pädagogischen und *reformerischen Ideen*[2] der dortigen Pädagogen (darunter: Joachim Heinrich Campe[3], Ernst Christian Trapp) ein und wurde erstmals mit den an der Erziehungsanstalt durchgeführten Leibesübungen konfrontiert. Nach dieser dreijährigen Lehrtätigkeit gründete Salzmann zusammen mit Becker 1784 das Philanthropin zu Schnepfenthal, das nach einer Auseinandersetzung von Salzmann allein weiter geleitet wurde.[4] Bis zu seinem Tod war Salzmann, als Anhänger der Neologie und Mitglied der Freimaurerloge „Ernst zum Compaß", praktischer Pädagoge (vorzüglich im Bereich der protestantischen Religionslehre), Erziehungstheoretiker und Publizist.[5] Auszüge seiner Werke sollen im Folgenden unter besonderer Beachtung des Themenschwerpunktes Leib, Leiblichkeit und Leibeserziehung aufgezeigt werden.

Johann Christoph Friedrich GutsMuths (geb. am 9. August 1759 in Quedlingburg, gest. am 21. Mai 1839 in Ibenhain/heute Waltershausen) studierte bis 1782 evangelische Theologie an der Universität Halle und setzte anschließend seine schon vor dem Studium begonnene Hauslehrertätigkeit in der Familie Ritter fort. 1785 wechselte GutsMuths zusammen mit seinen Schülern Carl Ritter – später Mitbegründer der wissenschaftlichen Geographie – und dessen Bruder an die salzmannsche Erziehungsanstalt Schnepfenthal über. GutsMuths wirkte seit seinem Eintritt über 54 Jahre als Lehrer für Gymnastik, Geographie, Geschichte und Französisch am Philanthropin. Neben seiner Tätigkeit als praktischer Pädagoge gilt GutsMuths nicht nur als Begründer einer systematischen Leibeserziehung, auch seine Publikationen im Bereich der Geographie und

---

2   Vgl. Koerrenz/Coriand 2004.
3   Vgl. Campe 1831/2010.
4   Vgl. Freytag 2013, 31–48.
5   Vgl. Lachmann 2005.

Kartographie sind bemerkenswert. Hervorzuheben ist der seit 1807 bestehende Kontakt mit Friedrich Ludwig Jahn, der als Initiator der deutschen Turnbewegung anzusehen ist.

Die vorliegende Quellenedition soll anhand von einschlägigen Schriften Christian Gotthilf Salzmanns und Johann Christoph Friedrich GutsMuths' Aufschluss darüber geben, wie Salzmanns religionspädagogische Ausführungen zur Leiblichkeit die von GutsMuths entwickelte Leibeserziehung beeinflusste. Es wird gezeigt, dass Salzmann innerhalb eines ganzheitlichen (Leib und Seele beeinflussenden) Religionsunterrichts bei den Zöglingen ein glückleibliches Bewusstsein schafft, um anschließend eine von GutsMuths geprägte systematische Leibeserziehung zu rechtfertigen und zu realisieren.

Der Leib, welcher im Sinne einer „ganzheitlichen Erziehung" und einer „Pädagogik vom Kinde aus" in der philanthropischen Bewegung immer mehr Beachtung findet, weil sowohl die Erziehung des Geistes als auch die Kräftigung des Körpers harmonisch nebeneinander stattfinden sollen, erhält somit einen neuen Stellenwert in der Pädagogik. In diesem Band soll der Leib jedoch auch aus einer anderen Perspektive thematisiert werden. Ein theologisches Verständnis des Leibes findet sich in den religionspädagogischen Schriften Salzmanns. Insbesondere die „Gottesverehrungen gehalten im Betsale des Dessauischen Philanthropins" (1786; Quelle 2) zeigen, dass der Leib von Salzmann als Tempel Gottes bezeichnet wird und aus diesem Grund eines eigenen Unterrichts bedarf. Hier stellt sich die Frage, inwieweit die Leibeserziehung als eine zweidimensionale, von Religionsunterricht und Gymnastik beeinflusste Erziehung zu verstehen ist.

Des Weiteren wird auch die Theologie mit einem, der aufklärerischen Entwicklung verschuldeten, Vernunftdenken konfrontiert, sodass die Orthodoxie und die damit verbundene katechetische Pädagogik von neologischen Einflüssen beeinträchtigt werden. Somit steht der seit Martin Luther existierenden Lehrmethode, dem Katechisieren, eine völlig neue Form der Unterrichtsgestaltung gegenüber, die sich nicht nur auf den Religionsunterricht konzentriert, sondern auch für alle anderen Schulfächer relevant wird. Die Sokratik bzw. die „Sokratische Lehrmethode" existiert somit neben der Katechetik und gilt vorerst als neuartige, aber anerkannte Lehrmethode, welche sich dadurch auszeichnet, die Schüler selbst in den Unterricht einzubinden, wobei sie sich nicht mit einem sturen Auswendiglernen nach katechetischem Vorbild identifiziert. Sokratische Gespräche finden sich u. a. auch in Salzmanns Werk „Heinrich Gottschalk in seiner Familie oder erster Religionsunterricht für Kinder von 10 bis 12 Jahren" (1807; Quelle 3), das in einem Kapitel auch auf die Wertschätzung des Leibes eingeht.

Der Leib gilt bei Salzmann und GutsMuths als Geschenk Gottes und sollte aus diesem Grund eine gesundheitsfördernde Erziehung erfahren. Die im Anschluss aufgezeigten Texte sollen den Übergang von einer theologisch geprägten Idee der Leibeswertschätzung hin zu einer systematischen, praktischen Leibeserziehung verdeutlichen.

Dank für die Koordinierung und Unterstützung des vorliegenden Quellenbandes gilt Prof. Dr. Dr. Ralf Koerrenz, Dr. Annika Blichmann und Dr. Alexandra Schotte. Des Weiteren danke ich Prof. Dr. Jürgen Court und Dr. Christine Freytag, die bei dieser Edition beratend zur Seite standen. Für die Korrekturarbeiten danke ich Sebastian Schmidt, Tina Gräser und Julia Schuchhardt.

Erfurt, im April 2013

Ganzheitlicher Religionsunterricht bei Salzmann und GutsMuths.
Von der theologischen Leibeswertschätzung zur systematischen Leibeserziehung

Leibeserziehung und Theologie – dieser Themenschwerpunkt mag im ersten Augenblick weithergeholt oder nicht vereinbar erscheinen. Inwieweit lassen sich Sport und Kirche überhaupt in Verbindung bringen?

Die vorliegende Quellenedition soll aufzeigen, dass diese beiden Themenfelder gerade im historischen Kontext und besonders im Kosmos des Schnepfenthaler Philanthropins zur Zeit der Spätaufklärung durchaus miteinander in Verbindung stehen und sogar aufeinander angewiesen sind. Im Vorfeld muss verdeutlicht werden, wie Salzmann auf den Gegenstandsbereich des Leibes eingeht und wie dieses Verständnis die gutsmuthssche Leibeserziehung beeinflusst hat. Der folgende Kommentar ist eine Einführung für die im Anschluss aufgezeigte Sammlung von Textauszügen Salzmanns zur pädagogisch-theologischen Leibeswertschätzung und GutsMuths' zur systematischen Leibeserziehung. Es wird eine Genese der Leibesübungen ersichtlich, die sich auf Grundlage eines protestantisch-neologischen Denkens über den Leib hin zu einer pädagogisch geregelten Leibeserziehung weiterentwickelt.

1   Der Leib bei Christian Gotthilf Salzmann

„Oder wisset ihr nicht, daß euer Leib ein Tempel des Heiligen Geistes ist, welchen ihr habt von Gott, und seid nicht euer selbst."[6]

---

6   1 Kor 6, 19.

In den religionspädagogischen Werken Salzmanns findet sich auf der Suche nach einem Verständnis von Leib und Leiblichkeit unter anderem ein Verweis auf den obigen Bibelvers aus dem ersten Brief des Paulus an die Korinther: „Er [der Leib] ist das Werkzeug, dessen sich der Geist bey seinen Reden und Handlungen bedient, und kann also als Gottes Tempel betrachtet werden, da Gott vermittelst des Körpers wirke 1 Kor. 6, 19. Die Sorge für denselben besteht aber nicht bloß in Verpflegung, sondern auch, und vorzüglich, in Gewöhnung desselben, den Willen des Geistes zu thun."[7] Bei der Suche nach einer gegenwärtigen Bedeutung von Leiblichkeit findet man den gleichen Verweis im religionswissenschaftlichen Lexikon: „Christl. ist Leiblichkeit ernst zu nehmen und nicht dualistisch abzuwerten (sōma [Körper] – sōma [Zeichen]), denn der Logos wurde selber Fleisch (Joh 1, 14); vielmehr gilt das Sōma als Wirklichkeitsgestalt des Pneuma [Geist] (Joh 2, 21; 1 Kor 6, 19; Röm 12, 21; 1 Kor 15, 44)."[8] In diesen einführenden Belegstellen zeigt sich die Aktualität der Leiblichkeitsproblematik, die Relevanz des Biblischen und nicht zuletzt die Kontinuität zwischen dem salzmannschen und dem gegenwärtigen Verständnis von Leib und Leiblichkeit. Selbstverständlich kann dieser Zusammenhang nicht anhand eines kurzen Textauszuges untersucht werden, aber er kann zumindest die Aufmerksamkeit auf die religionspädagogischen Werke Salzmanns lenken, auch wenn die Leiblichkeitsforschung nicht zuerst auf den Theologen und Pädagogen aus Schnepfenthal verweist. Gleichzeitig sollen eben diese Werke mit der Fragestellung konfrontiert werden, inwieweit der Leib für eine Religionspädagogik relevant ist und in welcher Beziehung er zu den Leibesübungen seines Lehrerkollegen Johann Christoph Friedrich GutsMuths steht.

---

7   Salzmann 1808/1994, 35.
8   Ringleben 2002, Sp. 219.

Bevor das Verständnis des Leibes bei Salzmann reflektiert werden kann, ist es nötig zu wissen, welches Menschenbild er im Laufe seines Lebens entwickelt. In einer seiner Frühschriften „Beyträge zur Aufklärung des menschlichen Verstandes in Predigten" (1779) findet sich bereits eine erste Auseinandersetzung mit der Beschaffenheit des Menschen und seinem Verhältnis zu Gott: Er sieht „den Menschen nicht bloß als Thier", sondern „als einen, mit Körper umkleideten Geist"[9]. Des Weiteren betont er, dass der Mensch „nicht bloß da ist, um zu leben, und sich zu vergnügen, sondern vorzüglich um durch sein Leben seinen Schöpfer zu preisen, ihm immer ähnlicher zu werden, und andere glücklich zu machen"[10]. An dieser Stelle zeigen sich bereits die Aufgabe des Menschen und die damit verbundene Berufung des Körpers und des Geistes.

Der Mensch als Wesen verfügt, so Salzmann weiter, über eine noch wichtigere Wahrheit, welcher er sich im Laufe seines Lebens widmen soll: Die Rede ist von dem „menschlichen Verstande"[11]. In den Werken Salzmanns nimmt der Verstand beziehungsweise die Vernunft, welche er zunächst synonym betrachtet, eine bedeutende Rolle ein.[12]

Am Menschen unterscheidet Salzmann zusammenfassend dreierlei: 1. „den Geist, oder die Seele"[13] – werden gleich bedeutend behandelt und gelten als der wichtigste Teil des menschlichen Wesens; 2. „der Leib" – welcher im Folgenden noch genauer reflektiert werden soll, und 3. „der äußerliche Zustand" – der mit der Gestalt und der Gesinnung des Menschen in Verbindung gebracht wird.[14]

---

9   Salzmann 1779, 4.
10   Ebd.
11   Ebd.
12   Vgl. Lachmann 2005, 151–156.
13   Salzmann 1808/1994, 34.
14   Vgl. ebd.

Aus heutiger Sicht wäre der Terminus *leiblich* auch mit *somatisch* zu übersetzen.[15] Die Seele oder der Geist zeigt sich somit *psychosomatisch* in Form von Mimik und Gestik an der äußerlichen Gestalt des Leibes, um Salzmanns Idee mit einer modernen sinnverwandten Wortwahl wiederzugeben.

An dieser Stelle ist hervorzuheben, dass Salzmann dem Geist zwar die Hauptaufmerksamkeit schenkt, dass er gleichzeitig aber dem Leib keine abwertende Rolle zukommen lässt, weil dieser auf dem Weg zur Gottähnlichkeit und Glückseligkeit eine beachtliche Rolle einnimmt.

Im Gegensatz zu manchen altkirchlichen beziehungsweise mittelalterlichen Vorstellungen, in denen die Verdammung des Körpers unmenschliche Formen annimmt und letztendlich darin ihren Höhepunkt erlebt, dass der Scheiterhaufen als Symbol der Leibfeindlichkeit unzählige Menschenleben fordert, ändert sich die Sicht auf den Leib spätestens in der Reformationszeit und entwickelt, besonders in der philanthropischen Bewegung, erste Konzepte einer pädagogischen Wertschätzung des Leibes.[16]

In der Schrift „Gottesverehrungen gehalten im Betsale des Dessauischen Philanthropins" (1786; Quelle 2) widmet Salzmann in seiner zwölften und letzten Verehrung Gottes dem Leib eine eigene Predigt. Diese zweite Auflage entstand bereits am Philanthropin zu Schnepfenthal – obwohl im Titel das dessauische Philanthropin erwähnt wird – und unterscheidet sich nur darin, dass Salzmann jeder Gottesverehrung einen „schicklicheren Vers eingeschoben"[17] und den Gebrauch für „Familien, Schulen und Erziehungsanstalten, zweckmäßiger gemacht"[18] hat.

---

15 Vgl. Ringleben 2002, Sp. 219.
16 Vgl. Schrauf 2009.
17 Salzmann 1786, XXXIV.
18 Ebd.

Mit einem Kirchenlied leitet Salzmann seine Predigt über den Leib ein. Schon der Inhalt des Liedes selbst zeigt Salzmanns Verehrung des Leibes, weil dieser in seiner mannigfaltigen Gesamtheit als Geschenk Gottes dargestellt wird. Auch das „Funktionieren" des Leibes wird dem Schöpfer selbst zugesprochen. In diesem ersten Absatz werden nicht nur die einzelnen „Bestandteile" des Leibes und deren Bedeutung erklärt, sondern sie werden in Kategorien unterteilt. Zum einen ist eine Steigerung der Leibbestandteile hinsichtlich ihrer Wichtigkeit zu erkennen, zum anderen wird ersichtlich, dass Salzmann die *weniger wichtigen* Bestandteile (Gliedmaßen) und deren Funktion noch erklären kann. Die Funktion des Herzens und des Blutkreislaufs kann und will er womöglich nicht deuten, um sich so dem Schöpfer zu unterwerfen.

1.1 Wertschätzung des Leibes

> „Ist nun unser Leib, Gottes Werk, hat er auf die Ausbildung desselben soviel Weisheit verwendet, so ist es höchst billig, daß wir dieses Geschenk Gottes, treulich vor Gefahr bewahren, und alles entfernen, was seine Gesundheit stören, seine Kraft schwächen, sein Leben verkürzen könnte, hingegen alle erlaubte Mittel brauchen, seine Munterheit, Kraft und Leben zu befördern."[19]

In der Predigt „Zwölfte Gottesverehrung" (1786) geht Salzmann auf die Wertschätzung des Leibes, welche untrennbar mit der Gesunderhaltung, dem Üben der Kräfte und dem Schutz vor Gefahren verbunden ist, ein. Im Verlauf des Textes betont Salzmann, dass es keiner Ärzte oder Bücher bedarf, um zu körperlicher Gesundheit zu gelangen. Auch findet man gesunde Menschen „weder in prächtigen Häusern, noch in

---

19 A. a. O., 230.

Studierstuben, sondern wir müssen sie in den Hütten der Land-
leute suchen, deren Verstand seinen ungekünstelten Gang bey-
behalten hat."[20] Neben der Unterscheidung des Gesundheits-
zustandes zweier Gesellschaftsschichten wird deutlich, dass
die Entwicklung des Verstandes Auswirkungen auf den Leib
innerhalb der Bewegung – hier ist die Unterscheidung von na-
türlichem und gekünsteltem Gang gemeint – Einfluss hat. Es
wird eine Kritik an der übermäßigen Beeinflussung des Geistes
im Gegensatz zu der Vernachlässigung des Leibes ersichtlich.
Richtet man den Blick auf die „Studierstuben", so geht daraus auch eine Beanstandung an dem allgemeinen Schulwesen
hervor, welches die Wertschätzung des Leibes vernachlässigt.
Die anfänglich erwähnte Gesunderhaltung des Leibes als Teil
der Wertschätzung zieht sich durch die gesamte Predigt Salzmanns. So bemerkt er im weiteren Verlauf, dass eine gesunde
und maßvolle Ernährung ebenfalls vor dem leiblichen Verderben schützen.

Zwar entwickelt sich innerhalb der Spätaufklärung eine „in-
stitutionelle Konkurrenz um Gesundheit und Aufklärung"[21]
und die Vermittlung von Gesundheitswissen steigt allmählich
an, die Tatsache jedoch, dass eine Gesundheitserziehung aus
religiösen Gründen passiert, weil der Leib als Tempel Gottes
eine Wertschätzung verdient, ist eine Besonderheit, die erstmals in Salzmanns Gottesverehrungen zu finden ist. Im weiteren Verlauf der oben benannten Predigt widmet er sich nun
den „gymnastischen Übungen", die zu den salzmannschen
Gesunderhaltungsmaßnahmen gehören. An dieser Stelle ist
bereits erkennbar, woran sich GutsMuths mit seinem Hauptwerk „Gymnastik für die Jugend. Ein Beytrag zur nöthigsten

---

20 A. a. O., 231.
21 Vgl. Stroß 2000, 30–55.

Verbesserung der körperlichen Erziehung" (1804, Quelle 5)[22] orientieren wird.

1.2 Die Übung des Leibes

„Aber noch sind wir nicht ganz Geist, noch sind wir enge an unsern Körper gebunden."[23]

In dem dritten Abschnitt seiner „Zwölften Gottesverehrung" (1786) hebt Salzmann die gymnastischen Übungen hervor, indem er das menschliche Leben in einer Verbundenheit von Körper und Geist darstellt. Aus dem einleitenden Zitat geht hervor, dass der Geist nach dem Tod weiterlebt und somit seinem lebenslangen Streben, Gottähnlichkeit zu erlangen, endlich gerecht wird. Der Leib ist somit untrennbar mit dem Leben in Verbindung zu setzen. Der lebendige Leib verdient demnach eine Wertschätzung, die sich auch in der Ausübung der gymnastischen Übungen manifestiert. In diesem Zusammenhang richtet sich Salzmann an seine Zöglinge: „Glaubet also ja nicht, als wenn die gymnastischen Uebungen, zu welchen ihr bey uns angeführet werdet, blos zum Zeitvertreibe und zur Belustigung angestellet würden! Sie sind aus weisen Absichten bey unserm Institute eingeführt worden, um jede Kraft, die der gute Schöpfer in eure Muskeln gelegt hat, zu entwickeln und zu verstärken."[24] Die oben erwähnten „gymnastischen Übungen" beziehen sich auf die ursprünglich griechische Bedeutung des Wortes „gymnázesthai", welches „mit nacktem Körper Sport treiben" übersetzt wird.[25] Mit der Verwendung des Ge-

---

22 Die erste Ausgabe erscheint bereits im Jahre 1793. Die Quellenedition bezieht sich auf die 2. Auflage von 1804.
23 Salzmann 1786, 239.
24 Ebd.
25 Vgl. Landfester 2000, Sp. 1357.

genstandsbereiches der ursprünglich griechischen Gymnastik zeigt sich, und dies wird im Folgenden bei GutsMtuhs noch deutlicher, dass die alten Griechen für die philanthropische Bewegung nicht nur in Geistesdingen Vorbild waren, sondern dass auch die Leibesübungen sich vorrangig an dem platonischen Verständnis der gymnastischen Übungen orientieren.

Dass Salzmann diese leiblichen Übungen nicht von dem eigentlichen religiösen Hintergrund trennt, wird daran ersichtlich, dass er die Kraft, welche sich in den Muskeln befindet, als Gottes Werk ansieht. Damit rechtfertigt er, dass die Leibesübung im Namen Gottes durchgeführt wird, weil die Wertschätzung des Leibes mithilfe der Gymnastik dazu beiträgt, das Geschenk Gottes – den Leib – zu pflegen und zu ehren. Mithilfe der Leibesübungen, so Salzmann, erlangen die Zöglinge „mehr Kraft und Munterheit, als viele andere Kinder und Jünglinge [...]. Auf diese Uebungen allen Fleiß zu wenden, ist also eure Pflicht."[26] Dass die Leibesübungen innerhalb des Unterrichts an Schulen zu dieser Zeit noch nicht weit verbreitet sind, zeigt sich, wenn Salzmann in Bezug auf seine Vorfahren – er bezieht sich auf die antike griechische Gymnastik – an die Übung der körperlichen Kräfte erinnert: „Möchte doch bald, bald, der große Werth der nützlichen Anwendung körperlicher Kräfte allen wieder so in die Augen leuchten, wie ihn unsere Vorfahren erkannten, damit unser Körper wieder diejenige Festigkeit, unsere Nerven die Kraft, unsere Arme das Mark wieder bekämen, das unsere Vorfahren hatten."[27]

Zunächst konzentriert sich Salzmann im Verlauf auf die Frage, warum eine Kräftigung des Leibes wichtig ist. Als Antwort liefert er einen Blick auf die gesellschaftliche Situation: „Er [der Körper] gewöhnet sich leicht zur Weichlickeit. So wie er alles scheuet, was die Nerven angreift, so scheuet er auch die

---

26 Salzmann 1786, 240.
27 Ebd.

kühle Luft und die frische Quelle, diese zwo unschätzbaren Mittel zur Erhaltung menschlicher Gesundheit; athmet lieber die, durchmanichfaltige Ausdünstungen vergiftete Luft seines Zimmers ein, als die kühle balsamische Luft des Feldes, sitzet lieber am heißen, seine Säfte vertrocknenden Ofen, als daß er durch die wohlthätige Kälte des Winters seine Nerven stärken sollte, genießt lieber warme, schwächende, ausländische Getränke, als den erfrischenden Trunk der Quelle und macht dadurch sich selbst weich und kraftlos."[28] Salzmann kritisiert das gesellschaftliche Bestreben, die Natur und deren Rohstoffe in Bezug auf die Gesundheit zu vernachlässigen, und betont, dass die Weichlichkeit vorrangig deshalb zustande kommt, weil aufgrund des Überflusses an Nahrungsmitteln, dem andauernden Wohlstand und der Behaglichkeit in warmen Stuben der Leib „[ge]schändet und seine Nerven [ge]schwächet"[29] werden. Im weiteren Verlauf spricht sich Salzmann gegen eine solche Zugrunderichtung aus und betont, dass die „Reinlichkeit" ein täglicher Schmuck sein sollte, dem sich der Mensch vorzüglich widmen soll. Im Gegensatz dazu steht jede Art der Unkeuschheit, „die im Stillen wie eine Seuche umherschleicht"[30] und sich auf die Heiterkeit, Munterheit und Gesundheit auswirkt und letztendlich, so Salzmann zuspitzend, in einem Verderben mündet: „Wer den Leib, der Gottes Tempel ist, verderbet, den wird Gott wieder verderben."[31]

In einem verhältnismäßig großen Abschnitt von drei Seiten geht Salzmann in mehreren Ausführungen und Metaphern auf die Krankheiten ein, die, wenn sie einen Menschen befallen, alles andere wertlos erscheinen lassen: Nach der Gesundheit des Geistes ist die des Leibes am wichtigsten. „Die Reichthümer von

---

28 A.a.O., 241.
29 A.a.O., 242.
30 Ebd.
31 Ebd.

Peru und die Herschaft über halb Europa, sind dagegen wahre Kleinigkeiten. Denn was hilft mir dies alles, wenn ich kränklich bin?"[32] Die Leibesübungen sind krankheitsvorbeugend und sollen deshalb regelmäßig betrieben werden, auch wenn die Zöglinge die Schule verlassen, sollen diese Übungen täglich weitergeführt werden.

Zusammenfassend müssen die Leibesübungen als gesundheitsfördernde Maßnahmen begriffen werden, die deshalb Bestandteil des Lebens eines Christen sein müssen, weil der Leib ein Geschenk Gottes, ein Werkzeug, ein Tempel des Heiligen Geistes ist, welcher nicht durch selbst zugeführte Krankheiten verdorben werden sollte. Diese Lehre des Leibes zieht sich durch sämtliche religionspädagogische Werke Salzmanns. Aus diesem Grund soll in dem nächsten Kapitel untersucht werden, inwieweit die Leibesübungen Teil des Religionsunterrichts sind.

1.3 Die Leibesübungen als Teil eines ganzheitlichen Religionsunterrichts

Bevor darauf eingegangen wird, dass die Leibesübungen in einem ganzheitlichen Religionsunterricht eingebettet sind, muss klar sein, dass Salzmann in seinen theoretischen Schriften weder darauf eingeht, wie diese Übungen des Leibes ausgeführt werden sollen, noch übernimmt er selbst einen praktischen Unterricht der Leibeserziehung. Diese Aufgabe übernimmt GutsMuths am Schnepfenthaler Philanthropin.

In fast allen religionspädagogischen Werken Salzmanns finden sich eine Wertschätzung des Leibes und eine daraus entspringende Aufforderung zur Übung desselben. Aufgrund der kontinuierlichen Erwähnung dieses Schwerpunktes wird

---

32   A. a. O., 243.

deutlich, wie bedeutungsvoll dieser für den Religionsunterricht bei Salzmann ist.

In einer seiner späten religionspädagogischen Schriften „Unterricht in der christlichen Religion" (1808; Quelle 1) fasst er seine Aussagen zusammen, die die Übung des Leibes und deren Bedeutung betreffen. Die Schrift stellt Salzmanns drittes und letztes Lehrbuch für den Religionsunterricht dar. In der Zeitschrift „Der Bote aus Thüringen" (1807) schreibt Salzmann hierzu: Das Werk ist „bestimmt für junge Leute, deren Vernunft sich zu entwickeln anfängt, und die durch meinen ersten Unterricht in der Sittenlehre, Heinrich Gottschalk und ähnliche Schriften, Sinn für das Wahre und Gute bekommen haben, und von dem Daseyn eines unsichtbaren, weisen und gütigen Weltregierers überzeugt worden sind"[33]. An dieser Stelle wird deutlich, dass Salzmann den Religionsunterricht in verschiedene Phasen einteilt.

Salzmann beginnt den „Unterricht in der christlichen Religion"[34] mit einleitenden Worten, die sich mit dem Dasein des Menschen befassen: „Ich bin da, und kann sehen, hören und empfinden was um mich her vorgeht. [...] Auch kann ich nachdenken, und mir durch nachdenken manches verschaffen, was ich wünsche."[35] Kurz darauf betont er: „Ich habe einen Leib, der sehr künstlich eingerichtet ist."[36] Der direkte Bezug auf den Leib im Zusammenhang mit dem Dasein des Menschen betont die Harmonie zwischen Leib und Seele und das gemeinsame Funktionieren dieser Einheit. Die künstliche Beschaffenheit zeigt, dass der Leib ein Wunder der Macht Gottes ist. So geht Salzmann in seinem zweiten Abschnitt auf die von Jesus „verbesserte" Religion ein. Jesus hat für Salzmann

---

33 Salzmann 1807a, 399.
34 Die Gesamtbezeichnung des Werkes wird weiterführend mit *christlichen Religion* abgekürzt.
35 Salzmann 1808/1994, 1.
36 Ebd.

den Vorzug, dass er die Menschen anwies, Gott ohne Priester, Opfer oder andere Zeremonien zu verehren. Diese sogenannte Veredelung, zu der Jesus den Menschen zu bringen versucht, besteht aus „Wahrheit", „Liebe", „Freyheit" und „Seligkeit". Aus diesem Grund unterteilt Salzmann die folgenden Abschnitte der „Christlichen Religion" in vier sich an diesen Gegenstandsbereichen orientierenden Themengebiete.[37] In dem Abschnitt „Von der Wahrheit, die Jesus dem menschlichen Geiste mitteilt" bezieht er sich auf die Leibesübungen: „Aber auch der Leib darf [neben dem Geist; Erg. M. G.] nicht vernachlässigt werden. Die Sorge für denselben besteht aber nicht bloß in Verpflegung, sondern auch, und vorzüglich, in Gewöhnung desselben, den Willen des Geistes zu thun."[38] Unter der Berücksichtigung, dass der Leib Werkzeug Gottes ist, wird besonders in dem letzten Satz deutlich, wie wichtig die „Gewöhnung des Leibes", also die Leibesübung, für einen Christen sei. Dass die gymnastischen Übungen, die bei Salzmann mit den Leibesübungen einhergehen, für den Religionsunterricht relevant sind, dürfte spätestens an dieser Stelle nachvollziehbar sein. Des Weiteren wird deutlich, dass Salzmann den Versuch unternimmt, einen ganzheitlichen Religionsunterricht zu verwirklichen. Nicht nur der unverfälschte Glaube an Gott sei Ziel dieses Unterrichts, sondern auch die „Veredelung unserer Selbst". Diese bezieht sich aber nicht nur auf die geistige beziehungsweise seelische Veredelung, sondern auch auf die leibliche und die des äußerlichen Zustandes, um alle drei salzmannschen Wesensmerkmale zu nennen. Die Veredelung des Leibes kann nur realisiert werden, wenn ein Gesundheitsbewusstsein für den Leib im Geist nachvollziehbar und in die Praxis umgesetzt wird. Salzmann leistet an dieser Stelle eine Vorarbeit zu der sich, unter der Leitung von GutsMuths in Schnepfenthal entwickelnden

---

37 Vgl. Salzmann 1808/1994, 28–82.
38 A. a. O., 35.

Gymnastik. Diese Vorarbeit besteht darin, dass sich die Wertschätzung des Leibes und die Gesunderhaltung des Körpers im Bewusstsein der Zöglinge festigt, sodass die Kinder „allen Fleiß auf die gymnastischen Uebungen wenden"[39] und am Ende einen ganzheitlichen Religionsunterricht durchleben.

Die Gymnastik als eigenständiges Unterrichtsfach ist somit Teil eines allumfassenden, Leib und Seele beeinflussenden Religionsunterrichts am Philanthropin zu Schnepfenthal zu Lebzeiten Salzmanns und GutsMuths'. Letzterem fällt demnach eine wichtige Aufgabe zu. Da Salzmann sich nicht berufen fühlt, den praktischen Teil des Religionsunterrichts zu übernehmen, findet er in dem studierten Theologen aus Quedlinburg einen praxisorientierten Pädagogen. Möglicherweise ist die Berufung zum Lehrer für Gymnastik – als Teil des ganzheitlichen Religionsunterrichts – Grund für eine lange und respektvolle Freundschaft zwischen beiden. Auf der Grundlage, dass GutsMuths und seine Gymnastik als Teil eines großen Ganzen zu betrachten ist, soll im Folgenden der Fokus auf die Praxis der Leibesübungen gerichtet werden.

2 Leibesübungen als Teil eines ganzheitlichen Religionsunterrichts bei Johann Christoph Friedrich GutsMuths

„Du sollst Gott fürchten und lieben, der dir deinen Leib als Diener mitgegeben, daß du ihn nicht vernachläßigest und verderbest, sondern ihn geschickt, tüchtig und willig machest zu jedem ehrlichen Dienst, wozu er bestimmt ist, damit du ein allseitig hülfreicher Mann werdest für dich, die Deinigen und dein Vaterland."[40]

---

39 Salzmann 1786, 240.
40 GutsMuths 1818, 7.

Nach Salzmanns Tod 1811 erscheint im Jahr 1818 der „Katechismus der Turnkunst" (Quelle 4), der von GutsMuths auch unter dem Namen „Kurzer Abriß der deutschen Gymnastik" verfasst wird. Der Untertitel „Ein Leitfaden für Lehrer und Schüler" ändert sich dabei nicht. Das einleitende Zitat sei aus dreierlei Gründen gewählt: Zum einen betont es, dass die Leibesübungen zu Ehren Gottes durchgeführt werden, weil dieser dem Menschen den Leib geschenkt hat, zum anderen zeigt es, dass der gewählte Titel des Buches „Katechismus der Turnkunst" und der Bezug zu Gott in seinem Werk eine existenzielle Rolle einnimmt. Der dritte Grund für die Wahl dieser Belegstelle ist die sich ergebende Kontinuität zwischen Salzmanns und GutsMuths Wertschätzung des Leibes im Sinne der Gesunderhaltung.

Wieso widmet sich GutsMuths dem Thema Leib als Geschenk Gottes erst nach Salzmanns Tod? An dieser Stelle können lediglich zwei Vermutungen aufgestellt werden: 1. Es ist möglich, dass GutsMuths die Grundidee des ganzheitlichen Religionsunterrichts weiterführen, verfeinern, vollenden und in die Praxis umsetzen wollte, um so seine Hochachtung gegenüber Salzmann zu bekunden. 2. Es kann aber auch angenommen werden, dass der Religionsunterricht und alles was damit in Verbindung stand, in Salzmanns Hand lag und er nicht beabsichtigte, dass GutsMuths sich mit diesem Bereich öffentlich auseinandersetzen sollte. Nach Salzmanns Tod konnte sich GutsMuths dieser Aufgabe offenkundig widmen. Der Rahmen dieser Publikation läßt es nicht zu, sich weiter mit dieser Frage zu befassen.

Vielmehr soll in diesem Kapitel deutlich werden, dass „die Gymnastik, in vaterländischer Beziehung auch Turnkunst genannt"[41], einen Teil des ganzheitlichen Religionsunterrichts, nach Salzmanns Vorbild, einnimmt. Dabei soll auf den

---

41 A. a. O., 5.

„Katechismus der Turnkunst" deshalb eingegangen werden, weil es sowohl sein Hauptwerk „Gymnastik für die Jugend. Ein Beytrag zur nöthigsten Verbesserung der körperlichen Erziehung" (1804, Quelle 5) als auch sein Werk „Turnbuch für die Söhne des Vaterlandes" (1817) zusammenfassend darstellt.[42]

2.1 Bildung des Leibes innerhalb des ganzheitlichen Religionsunterrichts

Im ersten Kapitel „Von dem Bildungswesen[43] des Menschen" des besagten Werkes, widmet sich GutsMuths den Anlagen des Menschen: „Du brachtest ins Leben nichts mit als Anlagen. Aber in diesen liegt ein unübersehbarer Reichthum."[44] Aus diesem Grund steht es dem Menschen frei, die Rolle des Knechtes oder des Herrn einzunehmen. Damit bezieht sich GutsMuths auf ein krankes Wesen (Knecht) und ein gesundes Wesen (Herrn). Mit den Worten „Wählen sollst du"[45] sagt er aus, dass der Mensch die Wahl hat und selbst über seinen Gesundheitszustand bestimmt. An dieser Stelle erwähnt er im Gegensatz zu Salzmann nicht, dass bestimmte Krankheiten von Gott gegeben sein könnten. Vielmehr ist für ihn jede Krankheit ein Eigenverschulden, das auf eine ungesunde Lebensweise zurückzuführen ist. Es sei die Pflicht des Menschen, jene Anlagen so viel als möglich „zu vernünftigen Lebenszwecke zu entwickeln und zu rüstigen Kräften zu bilden"[46]. Auf die Frage, wodurch sich die leiblichen Fähigkeiten entwickeln, antwortet GutsMuths, dass der Mensch nur durch Übung „sehen,

---

42 Vgl. a. a. O., I.

43 „Bildungswesen", wie im Folgenden noch deutlich werden wird, meint bei GutsMuths nicht „Bildungssystem" eines Landes, wie im heutigen Sprachgebrauch üblich.

44 GutsMuths 1818, 1.

45 Ebd.

46 Ebd.

hören, gehen, greifen, Sprache und sprechen"[47] lernt. Auch das
Gedächtnis und der Verstand entwickeln sich durch Übung.[48]
An dieser Stelle wird deutlich, warum GutsMuths in seinen
Schriften von *Leibesuebungen* und nicht von *Leibeserziehung*
spricht. Die Übung ist für GutsMuths verantwortlich für die
Entwicklung des Kindes. Am Beispiel des Sehens wird deutlich,
dass kein Erzieher zur Erlangung der Sehfähigkeit notwendig
ist. Vielmehr fungiert das Kind selbst als ein solcher, indem es
sich durch Übung individuell entwickelt. Die Zöglinge üben
sich selbst und benötigen den Erzieher lediglich für die Bereit-
stellung der richtigen Übungen.

GutsMuths betont, und dieser Aspekt ist für spätere Zusam-
menführungen des Leiblichen mit der sokratischen Methode
besonders hervorzuheben: „Der Leib ist nicht bloß Wohnung
des Geistes, [...] nein, er ist Lehrer und Diener des Geistes, der
als solcher nicht bloß erhalten, sondern auch geübt werden
muß, um ein guter Lehrer und ein geschickter Diener zu werden."[49] Die Leibesübungen sind, wenn man so will, der Unter-
richtsstoff, den der Leib (Lehrer) gebraucht, um den Geist und
den Verstand zu bilden. An dieser Stelle sei hervorgehoben dass
zwischen dem Leib als „Lehrer" und dem Geist als „Zögling"
ein gewisser Austausch, ein Dialog, vorhanden sein muss.

Im Verlauf des Kapitels geht GutsMuths auf die „doppelte
Natur" des menschlichen Wesens ein, innerhalb dessen eine
geistige und eine leibliche Natur existieren. Aus diesem Grund
sind auch die Anlagen geistig und leiblich.[50] Wie Salzmann
betont auch GutsMuths, dass die Entwicklung der geistigen
Anlagen im Vordergrund stehen sollte. Jedoch muss dabei berücksichtigt werden, dass die geistige Übung auch durch den

---

47 Ebd.
48 Vgl. ebd.
49 A. a. O., 2.
50 Vgl. ebd.

Leib als Lehrer vorgenommen wird. Die Leibesübungen sind somit Grundlage für die Entwicklung der geistigen Anlagen. Die lehrende Funktion des Leibes setzt voraus, dass die Lehren an den Geist übermittelt werden. GutsMuths setzt hier auf die Sinnwerkzeuge: „Durch jene soll der Geist die Welt erkennen, diese soll er als Herr beherrschen und [mit Hilfe der Knochen, Gelenke und Muskeln] gebrauchen können."[51] Auch hier macht GutsMuths, wie Salzmann in den Gottesverehrungen, deutlich, dass der „kunstvolle" Leib von Gott gegeben sein muss und dass dieser pfleglich behandelt werden soll.[52] Diese Aussagen unterstreichen die Verwirklichung eines praktischen Religionsunterrichts mit Hilfe der Leibesübungen.

In einem weiteren Aspekt ist die Leibeserziehung bei GutsMuths der Zeit weit voraus. Bevorzugt geht er auf die ganzheitliche Übung des Leibes ein: „So ist der Zufall, wie das Leben ihn walten läßt, ein sehr blinder Wirthschafter im menschlichen Bildungswesen. Dagegen dringt die Vernunft auf gleichmäßige Ausbildung aller Hauptteile des Leibes, die der Uebung unterworfen werden können, denn der Mensch soll Herr seyn des Ganzen, nicht bloß dieses und jenes Gliedes. Er ist hier unten an Himmel und Erde, an die Körperwelt gefesselt."[53] Neben der Wertschätzung der ganzheitlichen Bildung des Leibes soll an dieser Stelle auf den letzten Satz des obigen Zitates aufmerksam gemacht werden. Der Begriff Körper taucht in diesem Werk nur zweimal auf. Bis auf diese Ausnahmen verwendet GutsMuths ausschließlich den Begriff des Leibes. Daraus geht eine gewisse Wertung von Körper und Leib hervor. Die sogenannte Körperwelt wird mit dem Irdischen, mit dem „Hier unten" in Verbindung gebracht. Der menschliche und lebendige Leib, welcher mit dem Himmlischen, mit dem Geist, mit der Seele, mit dem

---

51 Ebd.
52 Vgl. a. a. O., 3.
53 A. a. O., 4.

Gottähnlichen vereint ist, hat somit gegenüber dem Körper folgende Unterscheidungsmerkmale: Der Leib ist lebendig und mit der Seele vereint, er ist Tempel oder Werkzeug Gottes.

Mit „Körperwelt" meint GutsMuths einen Gegenstand, ein Lebewesen, einen irdischen Lebensraum mit den entsprechenden Phänomenen, die nicht den Vorzug genießen, in den Himmel aufzusteigen.[54] Die zweite Erwähnung des Körperbegriffs unterstreicht diese Aussage: „Der körperlich Schwache und Ungebildete, der sich nur geistig ausgebildet hat, ist aus dem nöthigen Gleichgewichte zwischen Geist und Leib hinausgefallen, darum wohnt in ihm wohl das Wort, der Trost, die Aufmunterung; aber nicht Hülfe gegen Noth."[55] GutsMuths verbindet mit dem „Körperlichen" einen ungebildeten Leib, der sich aufgrund dieses Zustandes in der Not nicht helfen kann. Der Körper ist demnach kraftlos, in seiner kraftlosesten Form leblos. Für GutsMuths ist der Körper ungebildete, kraftlose, nicht lebendige Materie. Wenn GutsMuths von körperlicher Übung spricht, dann meint er die Übung einzelner Gliedmaßen, die nicht lebendig wären, wenn sie nicht mit dem ganzheitlichen, lebendigen Leib verbunden wären. Das Gleichgewicht zwischen Geist und Leib, aus dem der körperlich Schwache und Ungebildete herausfällt, garantiert das glückselige irdische Leben, an das der Mensch bis zu seinem Tod „gefesselt" ist.

---

54 GutsMuths schreibt zum Begriff Körperwelt: „Es ist unmöglich sich ihren [Körperwelt; Erg. M. G.], oft sehr drohenden, Eindrücken zu entziehen. Auf tausend Arten erscheint sie ihm als Gegner, dessen Waffe Flamme und Sturm Welle und Schwerkraft, ja selbst Lebenskraft der Thier und Menschenwelt. Gänzlich dem allen entziehen kann er sich nicht, aber nicht selten solcherley Gefahren ausweichen durch Machheit der Sinne und allgemeine Gewandheit, oder widerstehen durch Dauer und Kraft des Leibes; aber nicht durch Stärke eines einzelnen Gliedes." Vgl. ebd., 3f.

55 Ebd.

Mit einem Verweis auf das salzmannsche Prinzip der Veredelung und mit Augenmerk auf das Verhältnis von Erziehung und Übung, sei der letzte Satz des Kapitels über das Bildungswesen des Menschen an dieser Stelle aufgeführt.

> „Darum ist es nützlich und nöthig, den bloßen Zufall aus dem Tempel der Erziehung zu jagen, Geist und Leib gleichmäßig durch Uebung zu veredeln, beyde Kräfte gleichmäßig fort zu bilden, um geistig und leiblich stark und gewandt zu werden."[56]

Das Verhältnis zwischen Erziehung und Übung erklärt sich wie folgt: Erziehung wird als Tempel, als etwas Heiliges angesehen. Somit ist sie für den Gläubigen von enormer Bedeutung. Sie beeinflusst den Zögling jedoch nicht direkt. Dafür ist die Übung verantwortlich, denn sie hat direkten Einfluss auf den Zögling. Wenn die Erziehung ein heiliger Tempel ist, dann wäre der Erzieher an dieser Stelle ebenfalls heilig. Er ist folglich dafür verantwortlich, die Übungen so zu gestalten, dass sie in Gottes Namen, zu einem glückseligen und glückleiblichen Leben verhelfen. Der Erzieher, der sich verpflichten muss, mit Hilfe von professionellen Übungen auf den Zögling einzuwirken und nichts dem Zufall zu überlassen, ist an dieser Stelle mit einem Pfarrer oder einem Geistlichen zu vergleichen. Er nimmt eine Vermittlerposition zwischen Gott und Zögling ein. Erziehung ist nach GutsMuths nicht greifbar, sondern sie stellt, metaphorisch gesehen, einen Tempel[57] dar, in dem die Übungen des Geistes und des Leibes durchgeführt werden. Der Erzieher beziehungsweise der Lehrer nimmt eine Übermittler- oder Begleiterfunktion ein. Er stellt Übungen bereit, die von den Zöglingen ausgeführt werden.

---

56 GutsMuths 1818, 4.
57 Womöglich ist der *Tempel* hier auch als *Schule* anzusehen.

Welche Rolle spielt jedoch das Bildungswesen des Menschen bei GutsMuths?

Den Menschen zu bilden, ist für ihn von hoher Bedeutung. In einem ungebildeten Zustand wäre der Leib nur noch Körper, weil er aufgrund seiner ansteigenden Kraftlosigkeit in die Leblosigkeit gelangt. Gleiches Prinzip gilt auch für den Geist. Die Bildung ist somit Teil der Erziehung für GutsMuths. Im Gegensatz zu der Erziehung, welche den Menschen nicht direkt erreicht, stellt das „Sich-Bilden" einen Teil des menschlichen Wesens dar. Es ist das Ergebnis kontinuierlicher Übung.

Dass GutsMuths sich in eine Tradition einreiht, die spätestens mit Johann Amos Comenius beginnt und sich später auch unter dem Namen „Pädagogik vom Kinde aus" in der reformpädagogischen Landerziehungsheimbewegung manifestiert, wird an dieser Stelle deutlich: Für GutsMuths ist der Lehrer lediglich Lernhelfer. Er ermöglicht die Entwicklung des Kindes und bezieht sich damit sowohl auf die geistige als auch auf die leibliche Übung, die vom Kind selbst durchgeführt wird. Auch der Bezug auf die Entfaltung der menschlichen Anlagen zeigt, dass eine Pädagogik vom Kinde aus, wie sie von zahlreichen Rformpädagogen in den Jahren um 1900 verwirklicht wird, durchaus auch bei Salzmann und GutsMuths zu finden ist.

Anhand der obigen Reflexionen wird einmal mehr deutlich, dass die Leibesübungen einen ganzheitlichen Religionsunterricht darstellen.

An dem von GutsMuths gewählten Titel „Von dem Wesen der Turnkunst" des zweiten Kapitels aus seinem Werk „Katechismus der Turnkunst" wird erneut ersichtlich, dass der Gegenstandsbereich der Turnkunst, der sich durch Friedrich Ludwig Jahn (1778–1852) im Jahre 1811 zur Turnbewegung entwickelt, an GutsMuths Gymnastik nicht vorbeigeht. Das gute Verhältnis zwischen GutsMuths und Jahn zeigt sich in einem seit 1807 bestehenden Austausch, in dem praxisrelevante Übungen und Konzepte übermittelt wurden. Zwar orientiert sich Jahn anfangs an der gutsmuthsschen Gymnastik, jedoch übernimmt GutsMuths später von der national orientierten Turnbewegung nicht nur „Kriegsuebungen", sondern auch Gedankengut, welche sich vorrangig in seinem Werk – „Turnbuch für die Söhne des Vaterlandes" (1817) – widerspiegeln.[58]

In dem besagten zweiten Kapitel hebt GutsMuths die Übungen des Leibes noch einmal hervor. Diese seien darauf berechnet, „alle Hauptglieder und Muskeln des Leibes, welche der Uebung unterworfen werden können, gleich und ebenmäßig in Thätigkeit zu setzen"[59]. Was sollen die Übungen im Detail bezwecken? Neben Gesundheit, Abhärtung, allseitiger und gleichmäßiger Gliederkraft und Stärke fügt er zusätzlich noch drei weitere Aspekte hinzu: „[1.] die Gewandtheit und Schnellkraft des Leibes und seiner Glieder; [2.] Wachheit der Sinne, Munterheit und Geübtheit im sinnlichen Wahrnehmen; [3.] Begründung und Aufrechterhaltung des natürlichen männlichen Muthes"[60]. Mit diesen insgesamt sechs Aspekten, die den Zweck der Leibesübungen begründen, bezieht sich GutsMuths am Ende des nur zwei Seiten umfassenden Kapitels auf das Wesen des Turnens: „So ist das Turnwesen Sache der allgemeinen Menschenbildung, in sofern es rein menschliche Pflicht ist, nach allseitiger Bildung zu streben."[61] Das Prinzip der allseitigen Bildung ist in der Zeit um 1818 wohl herausragend durch die Lichtgestalt Wilhelm von Humboldt (1767–1835) geprägt, das, wie hier zu sehen, auch in den Werken GutsMuths Wertschätzung erfährt.[62] Der Rahmen dieser Publikation läßt es nicht zu, sich weiter mit dieser Frage zu befassen.

Das Wesen der Turnkunst, so GutsMuths weiter, „tritt ein auch für die größte Noth, für die allgemeine des Vaterlandes,

---

58 Vgl. Bartmuss/Kunze 2008.
59 GutsMuths 1818, 5.
60 A. a. O., 6.
61 Ebd.
62 Vgl. Benner 2003.

in der Millionen wie eingeschachtelt liegen, es tritt helfend ein gegen Noth der Unterdrückung von Aussen, gegen die Noth, in der die Selbstständigkeit eines ganzen Volkes gerathen kann"[63]. Innerhalb dieses abschließenden Satzes betont er nicht nur den Wert der Turnkunst für das ganze Vaterland, sondern er bezieht sich auch auf eine Unterdrückung von außen. Hier kann angenommen werden, dass die napoleonischen Befreiungskriege (1813–1815) Grund für diese Hervorhebung sind.[64]

Im dritten Kapitel „Die zehn Gebote der Leibeszucht"[65] wird deutlich, dass die Leibesübungen bei GutsMuths Teil eines ganzheitlichen Religionsunterrichts im Sinne der salzmannschen Tradition darstellen. „Das erste Gebot. Du sollst Gott fürchten und lieben, der dir deinen Leib als Diener mitgegeben, daß du ihn nicht vernachläßigest und verderbest, sondern ihn geschickt tüchtig und willig machest zu jedem ehrlichen Dienst wozu er bestimmt ist, damit du ein allseitig hülfreicher Mann werdest [...]."[66] Bereits in dem ersten Gebot der Leibeszucht wird deutlich, dass die Liebe zu Gott eng mit der Wertschätzung des eigenen Leibes zusammenhängt. Die Übungen des Leibes als Teil eines praktischen und ganzheitlichen Religionsunterrichts werden hier besonders in den Fokus des pädagogischen Geschehens gerückt. Mit diesem ersten Gebot wird die theoretische Vorarbeit Salzmanns nicht nur von GutsMuths weitergeführt, vielmehr wird sie durch ein detailliertes Übungsprogramm in die Praxis und damit in den Schulalltag integriert. Auch die neun weiteren Gebote, die von GutsMuths verfasst wurden verweisen auf eine pädagogisch-theologische Aufforderung den Leib zu Üben, um ihm somit mehr Wertschätzung zu verleihen.

---

63 GutsMuths 1818, 6.
64 Vgl. Hagemann 2000.
65 Vgl. diese Arbeit: GutsMuths, Johann Christoph Friedrich: „Katechismus der Turnkunst. Ein Leitfaden für Lehrer und Schüler" (1818)
66 GutsMuths 1818, 7 (Quelle 4 in diesem Band).

Wie dieser Grundgedanke in die Praxis umgesetzt wird, soll im Folgenden beispielhaft deutlich werden.

2.2 Gymnastik für die Jugend – Vom Leichten zum Schweren

Bevor einzelne Übungen der gutsmuthsschen Leibeserziehung reflektiert werden, sei angemerkt, dass in all seinen sportdidaktischen Werken eine sehr einfache, aber entscheidende Methodik angewendet wird. Gemeint ist ein Verfahren, das einfachste Übungen voranstellt und mit kleinen Steigerungen im Schwierigkeitsgrad bei den anspruchsvollen und allumfassenden Elementarübungen endet. Aus diesem Grund ist es nachvollziehbar, wenn GutsMuths sein Hauptwerk „Gymnastik für die Jugend. Ein Beytrag zur nöthigsten Verbesserung der körperlichen Erziehung" (1804, Quelle 5) mit einem Kapitel über das Gehen und Laufen einleitet. Um das Prinzip „vom Leichten zum Schweren" besser nachvollziehen zu können, ist es wichtig, einen solchen Prozess und die damit verbundenen Übungen beispielhaft darzulegen und zu reflektieren. Dass der Leibeserzieher bzw. der Sportlehrer dabei nur eine begleitende Position einnimmt und dass er nicht direkt auf den Zögling einwirkt, soll dabei ebenso berücksichtigt werden, wie die Ausrichtung der Übung zu einem gesunden und ganzheitlich ausgebildeten Leib. Neben dem Gehen, Laufen und Balancieren sind für GutsMuths noch weitere Übungen von Bedeutung, die im Rahmen dieser Arbeit nicht aufgezeigt werden können. So finden sich in seinen Werken meist Übungen, die 1. auf den Alltag bezogen sind (Heben, Tragen, Rückenprobe, Ziehen, Schieben, Stoßen), die 2. so ausgerichtet sind, dass sie einen athletischen Körper bilden (Springen, Ringen, Stoßfechten, Hiebfechten, Klimmen, Werfen, Diskus, Bogen, Schwimmen, Turnen), und Übungen, die 3. Gewandtheit, Geschicklichkeit und die Sinne fördern

(Tanz, Balancieren, Kriegsübungen, Übungen der Sprachorgane, Übungen der Geduld, der Abhärtung sowie Sinnesübungen).[67] Hervorzuheben sind auch seine „Spiele zur Uebung und Erholung des Körpers und des Geistes" (1796, Quelle 6), welche die vorangehenden Disziplinen innerhalb ausgewählter Spiele zusammenfassen.

Das Gehen und Laufen, also das „Fortschreiten des Fußes", so GutsMuths, sind Übungen, die der schon erwähnten natürlichen Gymnastik am ähnlichsten sind, weil sie, wie auch bei den Tieren, Grundlage des Lebens sind und unbewusst und mit geringem Verstand vollzogen werden können.[68] Diese beiden Übungen sind sehr nahe miteinander verwandt und können nur dahingehend voneinander getrennt werden, als dass das Laufen eine höhere Schnelligkeit aufweist. GutsMuths unterscheidet Übungen des Gehens in Hinsicht auf „Anstand" und „Schönheit", „Dauer", „Schnelligkeit" und „Localität".[69]

Die beiden erstgenannten Aspekte beziehen sich jedoch nicht auf „tanzmeisterliche Schritte", sondern auf einen natürlichen und ungezwungenen Gang. Dieser wird durch verschiedene äußere Einflüsse, wie Temperament und Gewohnheit, verfälscht. Aus diesem Grund richtet GutsMuths seine Übungen so ein, dass die Natürlichkeit im Gang, welche in der Kindheit noch unverfälscht oder zumindest noch wenig beeinflusst ist, erhalten bleibt.[70]

„Nur durch den Ausdruck der körperlichen Kraft und Gewandtheit entsteht der gute Anstand im Gange des Mannes; denn jene Eigenschaften sind es, die einen behenden, leichten, elastischen und dabei doch festen, männlichen Schritt bilden, welche die gerade Haltung, die leichte natürliche Wendung

---

67 GutsMuths 1804/1970, Vf.
68 Vgl. a. a. O., 86.
69 Vgl. GutsMuths 1804/1970, 89.
70 Vgl. a. a. O., 87

des Körpers ungesucht hervorbringen, das Einsinken der Brust, das Vorfallen der Schultern, die Beugung des Nackens und die schlaffe Schwenkung der Arme verhindern."[71]

Der oben beschriebene natürliche Gang kann von dem Lehrer oder Erzieher aus verschiedenen Blickwinkeln, zum Beispiel beim Wandern, beobachtet werden.

Weitere Übungen des Gehens hinsichtlich der genannten Aspekte Dauer und Schnelligkeit seien im Folgenden kurz angerissen. Ersteren erörtert GutsMuths an mehreren Beispielen aus verschiedenen Altersklassen: So ist bereits ein 15 Monate altes Kind in der Lage, 30 Minuten auf gerader Strecke zu gehen. Ein fünfjähriges Kind passt sich dem Schritt eines Erwachsenen 1,5 Stunden lang an. „Lange Spaziergänge, und kleine Fußreisen, die nach und nach verlängert werden" nennt GutsMuths als die richtigen Übungen, um die Dauer des Gehens zu verlängern.[72]

Die Schnelligkeit im Gehen wird bei ebensolchen Fußreisen trainiert. Hier geht es darum, die Schrittfrequenz zu erhöhen, sodass die Kinder innerhalb einer 15-minütigen Wanderung nach und nach immer mehr Schritte absolvieren können.[73]

Für GutsMuths ist die Localität für einen natürlichen Gang entscheidend: „Ich zweifle daran, ob es in ganz ebenen Gegenden überall vollkommene Fußgänger geben kann. Man bringe sie in unebene, gebirgige Landstriche, und ihre Vollkommenheit wird großen Anstoß finden."[74] An dieser Stelle ist zu erwähnen, dass GutsMuths unzählige Wanderungen allein und mit seinen Zöglingen sowohl in östlicher Richtung (z. B. über Dresden und Görlitz bis in das Riesengebirge im heutigen

---

71 Ebd.
72 Vgl. ebd.
73 Vgl. ebd.
74 A. a. O., 88.

Tschechien) als auch in westlicher Richtung (z. B. über den Rennsteig, Eisenach bis nach Frankfurt am Main) durchgeführt hat.[75]

Innerhalb des Laufens, also der schnellen Form des Gehens, bezieht sich GutsMuths oftmals auf den olympischen Fünfkampf, der neben dem Speerwurf, dem Diskuswerfen, dem Sprung und dem Ringen auch das Laufen beinhaltete. Viele Übungen, die er beim Gehen anwendet, überträgt er, oftmals in Form eines Wettbewerbes oder eines Sportfestes nach olympischem Vorbild, auf das Laufen. Der Rahmen dieser Publikation läßt es nicht zu, sich weiter mit dieser Frage zu befassen. Es sei jedoch zusammenfassend darauf hingewiesen, dass das Gehen in seiner den ganzen Leib bildenden Funktion dazu beiträgt, die Übungen der Gymnastik und damit auch den ganzheitlichen Religionsunterricht zu vervollständigen. Der unverfälschte natürliche Gang, welcher in der freien Natur geübt wird, trägt zu einem gesunden Leib bei, der von Gott gegeben ist und deshalb Wertschätzung verdient.

Eine weitere Übung als Steigerungsform des Gehens und des Laufens sei an dieser Stelle in den Fokus der Leiblichkeitsforschung gerückt. Das Balancieren, das GutsMuths als eine Steigerung des Gehens und Laufens ansieht, ist für ihn eine sehr natürliche Kunst, die schon ein Säugling bei seinen ersten Schritten beherrschen muss, wenn er den aufrechten Gang bewahren will. Die Kunst des Balancierens ist Grundlage für die Gewandtheit, die sich an dem gesunden Menschen entwickeln soll.[76]

Das Balancieren wird in zwei Klassen unterteilt: das im Gleichgewicht-Halten des eigenen Körpers und das Balancieren von fremden Körpern, das hier nur kurz erwähnt werden soll. Die erste Übung, die GutsMuths bezüglich des erstgenannten

---

75 Vgl. GutsMuths 1799.
76 Vgl. GutsMuths 1804/1970, 188.

Aspekts vorstellt, zeigt einmal mehr seinen Willen, sich an all-
täglichen Bewegungsabläufen zu orientieren: „Man erlaube es
keinem Knaben, dass er sich im Sitzen an, oder auskleide. Ein
kleiner unbedeutender Umstand, aber er hat viel Einfluß auf
die Gewandtheit des Köpers [...]."[77] Neben dieser nennt er weitere Übungen, die wieder vom Einfachen zum Schweren einge-
teilt werden. „Die Uebungen auf einem Beine, das Stehen auf
einem Pfahl, das Balancieren auf der Kante eines Bretes, das
Balancieren auf einem Balken [mit vielen Variationen als Vor-
form der heutigen Turndisziplin, Erg. M. G.], das Wippen, die
Stelzen, das Gehen vermittels einer Leiter, der Eislauf oder das
Schlittschuhlaufen, das Laufen auf Schneeschuhen" sind in der
„Gymnastik für die Jugend" im Detail erklärt und mit verschiedenen Schwierigkeitsstufen versehen, die hier im Einzelnen
nicht aufgezeigt werden können.[78]

2.3 Spiele zur Übung und Erholung des Körpers und des Geistes – Dialoge zwischen Leib und Seele

In GutsMuths Werk „Spiele zur Uebung und Erholung des Körpers und des Geistes" (1796, Quelle 6) wird sein Vorhaben, Übungen zu entwerfen, die Geist und Leib gleichermaßen beanspru-
chen, besonders deutlich. Es ist damit die Fortsetzung der
„Gymnastik für die Jugend" (1804) und gleichzeitig ein Appell
gegen die zu dieser Zeit aufkommende Spielsucht. GutsMuths
vermerkt in seinem Spielebuch, dass Karten und Glücksspiele
die Erwachsenen und Kinder schädlich zerstreuen und sich
gegen eine mannigfaltige Bewegung im Freien richten. Auch
widmet GutsMuths die dritte Auflage seines Buches der Fürs-
tin Luise von Dessau-Wörlitz, die anlässlich ihres Geburtstages

---

77 A. a. O., 189.
78 A. a. O., 189–206.

alljährlich regionale Olympische Spiele auf dem Drehberg ver-
anstalten lässt und hierbei nicht nur die Jungen des Dessauer
Philanthropins dazu einlädt, sondern auch Mädchen und
Jungen aus dem Umland.[79]

> „Es ist ein rührender Anblick hier am 24. September einen
> großen Theil der Landeskinder herbeyströmen und die olym-
> pischen Spiele gleichsam wieder aufleben zu sehn."[80]

Mit diesen Worten wird die Wertschätzung der Spiele, welche
dazu beitragen, den Körper ganzheitlich zu bilden, hervorgehoben. Die Orientierung an den Olympischen Spielen der Antike rechtfertigt auch den Gegenstandsbereich der Gymnastik,
die GutsMuths in einem Atemzug mit den Leibesübungen
verwendet. Er berichtet über dieses Sportfest am Drehberg in
der „Gymnastik für die Jugend. Ein Beytrag zur nöthigsten
Verbesserung der körperlichen Erziehung" (1804; Quelle 5) und
setzt sich damit für die Verbreitung eines solchen Festaktes ein,
weil es einerseits das gute Verhältnis zwischen Bürgern und
Fürsten bewahrt und es andererseits die Liebe zum Vaterland
verstärkt.[81]

Das Spielebuch unterteilt sich in zwei Klassen, wobei bereits
deutlich wird, dass die Spiele erster Klasse (Bewegungsspiele)
gegenüber den Spielen zweiter Klasse (sitzende oder Ruhespiele) – die erst dann zum Einsatz kommen, wenn Räumlich-
keiten oder Witterungsverhältnisse die Spielgesellschaft zu
solchen bewegungslosen Spielen zwingen – von unterschied-
licher Wertigkeit sind. Innerhalb der ersten Klasse finden sich
neben „Spielen des Beobachtungsgeistes und des sinnlichen

---

79 Hirsch 1985, 107f.
80 GutsMuths 1804/1970, 67.
81 A. a. O., 68.

Beurtheilungsvermögens" auch „Spiele der Aufmerksamkeit"
und „Spiele der Phantasie und des Witzes". In diesen Kapiteln
finden sich Spielsportarten – darunter „Dreyball, Thorball,
Handball, Federball, Kegelspiel, Kegelbillard, Topfschlagen,
Schlittschuhlaufen, Schlittenfahren, Plumpsack-Verstecken
und Der schwarze Mann" – die auch im heutigen Sportunter-
richt unter gewisser Abänderung wiederzufinden sind.[82]

Das zuletzt genannte Spiel wird in dem heutigen Grund-
schulsportunterricht innerhalb der sogenannten „Kleinen
Spiele" noch in gleicher Form ohne Abänderung gespielt. „Der
schwarze Mann" zählt, so GutsMuths, zu den Übungen der
Aufmerksamkeit. Bei allen Spielen dieser Ordnung werden
die Wahrnehmung und das daraus entspringende Verhalten
in den Vordergrund gerückt. Gleichzeitig dienen sie der Erholung der Seele, weil sie die Gedanken auf das Spiel lenken und
so der Erholung des Geistes dienen, da die Aufmerksamkeit auf
das Spiel und nicht auf alltägliche Probleme gelenkt wird.[83] „Es
giebt viel junge Leute, bey denen die Operationen der Seele sehr
langsam von statten gehen. Der Weg vom Auge oder Ohre bis
zur Seele scheint 10 Meilen lang, und von da bis zu den Händen
oder Beinen sinds gar wohl hundert Meilen. Für diese giebt es
keine heilsameren Spiele."[84] Das Spiel des schwarzen Mannes
fördert diesen Transfer, indem die Sinne eine Übermittlerfunktion zwischen Seele und Leib einnehmen. Der „Gejagte" weicht
dem „Jäger" aus. Er benutzt mithilfe des Geistes seine Sehkraft
und sein Gehör, um anschließend den Leib in Bewegung zu
setzen um letztlich dem „Jäger" zu entkommen und auf die
gegenüberliegende sichere Seite zu gelangen. Auch der „Jäger",
der die Aufgabe hat, möglichst viele „Gejagte" zu fangen, gebraucht seine Sinnesorgane, um die Befehle des Geistes an den

---

82 GutsMuths 1796, XVI–XX.
83 A. a. O., 260f.
84 A. a. O., 261.

Leib weiterzugeben. Er wählt mehrere geeignete Personen aus, um sie dann mit Gewandtheit, Schnellkraft und Ausdauer zu fangen. Das Prinzip „vom Leichten zum Schweren" ist auch bei diesem Spiel gegeben, indem es von Runde zu Runde mehr „Jäger" gibt, sodass die „Gejagten" immer mehr Geschick zum Ausweichen aufwenden müssen.[85]

Das Spiel, so GutsMuths am Ende des Abschnittes, ist vorzüglich geeignet „für alle jungen flüchtigen Köpfe, die sich nirgends fixieren können" und „für noch unverzogene Knaben, die an reiner körperlicher Thätigkeit, an Laufen und Springen noch Vergnügen finden"[86].

Aus Sicht der heutigen medizinischen Sportwissenschaft ist an dieser Stelle hervorzuheben, dass GutsMuths bereits erste Symptome einer Aufmerksamkeitsdefizit-Hyperaktivitätsstörung erkennt und diagnostiziert. Nicht nur, dass er auf eine solche Problematik hinweist, er gibt mithilfe der „Spiele der Aufmerksamkeit" auch erste Lösungsansätze, um aus einem „zerstreuten flüchtigen Kopf" einen konzentrierten Geist zu schaffen.

Alle im Spielebuch aufgeführten Spielarten beeinflussen Leib und Seele gleichermaßen. Mithilfe der Sinne, die im Spielverlauf eine Übermittlerfunktion darstellen, werden die Zöglinge indirekt (aus)gebildet. Der Lehrer oder Erzieher übernimmt weiterhin nur eine begleitende Funktion. Das „Sich-Üben" funktioniert somit durch das Kind selbst und ohne Wissen desselbigen. Dass sich der Zögling mit Prozessen des untersuchenden, entdeckenden und problemlösenden Lernens konfrontiert, ist ihm nicht bewusst. Die Spiele können somit als indirekte Lehrmethode bezeichnet werden, in der ein Erzieher am wenigsten auf ein Kind Einfluss nehmen muss, weil ein Lernprozess spielerisch, unbewusst und vom Seienden selbst durchgeführt wird.

---

85 Vgl. a. a. O., 261–265.
86 A. a. O., 265.

Dass Leib und Seele harmonisch miteinander funktionieren und kommunizieren, ist Voraussetzung für ein Sportspiel.

Anhand der obigen Reflexion der gutsmuthsschen „Spiele zur Übung und Erholung des Körpers und des Geistes" sowie der Leibesübungen aus der „Gymnastik für die Jugend" wird deutlich, dass der ganzheitliche Religionsunterricht, der von Salzmann theoretisiert und von GutsMuths praktiziert wurde, einen entscheidenden Grundsatz voraussetzt: gemeint ist die Harmonie zwischen Leib und Seele. Diese entwickelt sich mithilfe der Sinne, die es erlauben, einen Dialog zwischen Leib und Seele herzustellen. Eine Frage bzw. ein Befehl der Seele wird mit einer Bewegung des Leibes beantwortet. So kann der Leib nur dann als „Tempel Gottes", als „Werkzeug Gottes" oder als „Diener Gottes" gelten, wenn der Geist den Leib nach Gottes Willen, also frei von Sünden, beeinflusst.

Es wurde deutlich, wie Salzmann den Leib als Teil des menschlichen Wesens neben dem Geist und dem äußerlichen Zustand in seinen religionspädagogischen Schriften wertschätzt. Dabei spielt sowohl die von Gott gegebene kunstvolle Beschaffenheit des Leibes als auch die Übung des Leibes eine herausragende Rolle. Dass die Leibesübungen deshalb geschehen, weil der Leib als Geschenk, als Tempel oder als Werkzeug Gottes anzusehen ist, wurde ebenso ersichtlich wie die Auffassung, dass der Geist in seiner Wertigkeit zwar über dem Leib steht, dass letzterer jedoch die Aufgaben des Geistes in die Tat bzw. in die Handlung umsetzt. Aus Salzmanns Literatur wird ersichtlich, dass die Wertschätzung des Leibes zu einer religionspädagogischen Aufgabe werden muss, indem ein Gesundheitsbewusstsein beim Zögling hervorgerufen werden soll, das wiederum zur Ausführung regelmäßiger Leibesübungen führt.

Dabei wird der Auftrag bzw. die theoretische Idee Salzmanns durch GutsMuths in die Praxis umgesetzt. Es wird deutlich, dass GutsMuths den Leib ebenfalls als Werkzeug

Gottes betrachtet. Der Leib ist Lehrer und Diener des Geistes. Die Erziehung, Bildung und Übung des Leibes orientiert sich an drei verschiedenen Leitlinien. Zum Ersten setzt GutsMuths auf eine „Pädagogik vom Kinde aus", da der Zögling seine eigenen leiblichen und geistigen Anlagen mithilfe der vom Erzieher zur Verfügung gestellten Übungen bildet. Zum Zweiten orientieren sich seine Übungen immer an dem Vorsatz „Vom Leichten zum Schweren". Neben praktischen Beispielen aus der „Gymnastik für die Jugend" findet sich dieser Aspekt auch in seiner Schrift „Spiele zur Übung und Erholung des Körpers und des Geistes". Die dritte Leitlinie beschreibt eine indirekte Beeinflussung des Zöglings im Spiel. Die Sokratische Methode, die in Salzmanns religionspädagogischen Werken als verbales Sprachspiel[87] anzusehen ist, wird bei GutsMuths auf die nonverbale, leibliche bzw. ganzheitliche Ebene übertragen, sodass die Sportspiele im Sinne der „Indirekten Instruktion" einen Dialog zwischen 1. Geist und Leib, 2. zwischen Erzieher und Zögling und 3. zwischen Gott und Mensch[88] darstellen.

Um einen umfassenden Überblick zu dem kommentierten Themenfeld zu gewinnen, geben die folgenden Textauszüge innerhalb dieser Quellenedition Aufschluss. Die Quellentexte entsprechen weitgehend dem Original.

---

87 Vgl. Lüders 2011, 175–189.
88 Vgl. 1 Kor 6, 19: „Oder wisset ihr nicht, daß euer Leib ein Tempel des Heiligen Geistes ist, welchen ihr habt von Gott, und seid nicht euer selbst."

Literaturverzeichnis

Primärquellen

GutsMuths, Johann Christoph Friedrich (1796): Spiele zur Übung und Erholung des Körpers und des Geistes. Schnepfenthal.

GutsMuths, Johann Christoph Friedrich (1799): Meine Reise im deutschen Vaterlande. Breslau/Hirschberg/Lissa.

GutsMuths, Johann Christoph Friedrich (1804/1970): Gymnastik für die Jugend. Ein Beytrag zur nöthigsten Verbesserung der körperlichen Erziehung. Frankfurt a. M.

GutsMuths, Johann Christoph Friedrich (1793): Gymnastik für die Jugend. Ein Beytrag zur nöthigsten Verbesserung der körperlichen Erziehung. Schnepfenthal.

GutsMuths, Johann Christoph Friedrich (1818): Katechismus der Turnkunst. Ein Leitfaden für Lehrer und Schüler. Frankfurt a. M.

Salzmann, Christian Gotthilf (1779): Beyträge zur Aufklärung des menschlichen Verstandes in Predigten. Leipzig.

Salzmann, Christian Gotthilf (1780/1899): Ueber die wirksamsten Mittel Kindern Religion beyzubringen. In: Wagner, Ernst (Hg.): Die Klassiker der Pädagogik, Bd. III. Langensalza.

Salzmann, Christian Gotthilf (1783): Moralisches Elementarbuch I. Leipzig.

Salzmann, Christian Gotthilf (1784): Carl von Carlsberg oder über das menschliche Elend. Zweyter Theil. Leipzig.

Salzmann, Christian Gotthilf ([2]1786): Gottesverehrungen gehalten im Betsale des Dessauischen Philanthropins. Wolfenbüttel.

Salzmann, Christian Gotthilf ([2]1787): Ueber die wirksamsten Mittel Kindern Religion beyzubringen. Leipzig.

Salzmann, Christian Gotthilf (1789): Ueber die Erlösung der Menschen vom Elende durch Jesum. Leipzig.

Salzmann, Christian Gotthilf (1807a): Der Bote aus Thüringen. Schnepfenthal.

Salzmann, Christian Gotthilf (1807b): Heinrich Gottschalk in seiner Familie oder erster Religionsunterricht für Kinder von 10 bis 12 Jahren. Schnepfenthal.

Salzmann, Christian Gotthilf (1808/1994): Unterricht in der christlichen Religion. In: Lachmann, Rainer (Hg.): Salzmann Religionsbücher. Köln.

Sekundärliteratur

Bartmuss, Hans-Joachim/Kunze, Eberhard (2008): „Turnvater" Jahn und sein patriotisches Umfeld. Briefe und Dokumente 1806–1812. Köln.

Benner, Dietrich ([3]2003): Wilhelm von Humboldts Bildungstheorie. Weinheim.

Best, Otto ([7]2004): Handbuch literarischer Fachbegriffe. Frankfurt a. M.

Beutel, Albrecht (2009): Kirchengeschichte im Zeitalter der Aufklärung. Göttingen.

Bohren, Rudolph (2007): Das christliche Minderwertigkeitsgefühl. Von der Rechtfertigungslehre zur Rechtfertigungsleere – von der Leere zur Fülle. In: Bohren, Rudolf (Hg.): Große Seelsorger seit der Reformation. Waltrop, 44–59.

Brachmann, Jens (2013): Christian Gotthilf Salzmann und die „Erfindung" der Landerziehungsheimpädagogik in der Spätaufklärung. In: Lachmann, Rainer u. a. (Hg.): Christian Gotthilf Salzmann interdisziplinär. Seine Werke und Wirkungen in Theologie, Pädagogik, Religionspädagogik und Kulturgeschichte. Jena, 61–183.

Campe, Joachim Heinrich (1831/2010): Seelenlehre für Kinder, hg. v. Ralf Koerrenz. Jena.

Fraas, Hans-Jürgen (1971): Katechismustradition. Luthers kleiner Katechismus in Kirche und Schule. Göttingen.

Freytag, Christine (2013): „Mensch, werde und mache alles immer besser". Überlegungen zur Aufklärung und Vervollkommnung des Menschen am Beispiel von Rudolph Zacharias Becker in der Zeit von 1779 bis 1794. Jena, 31–48.

Hagemann, Karen (1985): „Mannlicher Muth und Teutsche Ehre". Nation, Militär und Geschlecht zur Zeit der antinapoleonischen Kriege Preußens. Berlin.

Hirsch, Erhard (1985): Dessau-Wörlitz. Aufklärung und Frühklassik. Leipzig.

Key, Ellen (1978): Das Jahrhundert des Kindes. Königstein.

Koerrenz, Ralf/Coriand, Rotraud (Hg.) (2004): Salzmann, Stoy, Petersen und andere Reformen. Traditionen in der Thüringer Bildungslandschaft. Jena.

Köhler, Christian (1776): Neu eingerichtetes Gesangbuch worin außer den alten in der Kirche gebräuchlichen Liedern auch 328 neue Gesänge Gellerts und der besten Liederdichter unserer Zeit eingerückt worden. Nebst nöthigen Registern und einer Vorrede. Eisenach.

Lachmann, Rainer ([3]2005): Religions-Pädagogik Christian Gotthilf Salzmanns. Jena.

Lachmann, Rainer (1994): Religionsbücher. Köln.

Landfester, Manfred (2000): Art. Gymnasium, antikes und neuzeitliches. In: RGG[4] 3, Sp. 1357.

Lüders, Manfred (2011): Die Sprachspieltheorie des Unterrichts. In: Meseth, Wolfgang/Proske, Matthias/Radtke, Frank Olaf (Hg.): Unterrichtstheorien in Forschung und Lehre. Bad Heilbrunn, 175–189.

Luther, Martin (1992): Erster Brief des Paulus an die Korinther. In: Evangelische Kirche in Deutschland (Hg.): Die Bibel. Nach der Übersetzung von Martin Luther. Stuttgart, 1 Kor 6, 19.

Maurer, Michael (2004): Das Fest. Köln.

Miller, Johann-Peter (1778): Anweisung zur Katechisierkunst oder zu Religionsgesprächen mit vielen Beyspielen. Leipzig.

Nohl, Hermann (1933): Landbewegung. Osthilfe und die Aufgabe der Pädagogik. Leipzig.

Ringleben, Joachim (2002): Art. Leib/Leiblichkeit II Dogmatisch. In: RGG⁴ 5, Sp. 219.

Röthig, Peter u. a. (Hg.) (2003): Sportwissenschaftliches Lexikon. Schorndorf.

Saurbier, Bruno (1961): Geschichte der Leibesübungen. Frankfurt a. M.

Schaubs, Christine (2005): Die Erziehungsanstalt in Schnepfenthal im Umfeld geheimer Sozietäten: ein Beitrag zum Leben und Werk Christian Gotthilf Salzmanns. Nordhausen.

Schian, Martin (1900): Die Sokratik im Zeitalter der Aufklärung. Ein Beitrag zur Geschichte des Religionsunterrichts. Breslau.

Schönfelder, Klaus-Jürgen (Hg.) (1987): Olympisches Lexikon. Leipzig.

Schrauf, Christa (2009): Der Körper – ein Geschenk Gottes. Kirchlich-theologische Aspekte zwischen Leibfeindlichkeit und Körperboom. Tagungsschrift des 37. Martinstift-Symposiums. Gallneukirchen.

Schröder, Willi (1996): Johann Christoph Friedrich GutsMuths. Leben und Wirken des Schnepfenthaler Pädagogen. Sankt Augustin.

Stroß, Anette (2000): Pädagogik und Medizin. Ihre Beziehungen in Gesundheit und wissenschaftlicher Pädagogik 1779–1933. Weinheim.

Christian Gotthilf Salzmann

Quelle 1: Menschenbild und die Rolle des Leibes

(Anm. des Herausgebers: Für das Verständnis des Menschenbildes und
des Leibes sind die nachfolgenden Kapitel – Einleitung und Kapitel 3 –
einschlägig. Die übrigen Kapitel werden ausgelassen.)

Unterricht in der christlichen Religion. (1808)

Einleitung

Es ist ein Gott.

Ich bin da, und kann sehen, hören und empfinden, was um
mich her vorgeht. Ich kann mir vorstellen das Abwesende, wie
wenn es gegenwärtig wäre, und merken was ich gelernt habe.
Auch kann ich nachdenken, und mir durch Nachdenken manches verschaffen was ich wünsche.

*

> Auch ich kann denken; ich gewinne,
> Weil ich zu einem Geiste ward,
> Durch die Empfindung meiner Sinne,
> Gedanken tausendfacher Art.
> O, strebt ich alle Gott zu weihn:
> Wie selig könnt ich hier schon seyn!

*

Ich habe einen Leib, der sehr künstlich eingerichtet ist. Die
Speisen, die er genießt, geben ihm Nahrung, und befördern
sein Wachsthum, indem sie in Fleisch und Blut verwandelt
werden. Das Herz bewegt sich Tag und Nacht, ohne daß ich
mich darum bekümmere. Dieser Leib thut was ich will. Er sitzt,
steht auf, schreitet fort, schreibt, arbeitet, so wie ich es verlange.

*

Wer leitet meines Blutes Lauf?
Wer lenkt des Herzens Schläge?
Wer regt die Lung und schwellt sie auf,
Damit ich atmen möge?
Gott ist es, der dies alles thut.
Preis, Schöpfer, dir, dir wallt mein Blut,
Mein Herz schlägt dir, o Schöpfer!

*

Da ich nun nicht glaube, daß eine Mühle von selbst entstanden sey, sondern gewiß überzeugt bin, daß sie von jemanden, der Verstand hat, sey hervorgebracht worden: so muß auch ich, der ich weit künstlicher eingerichtet bin, als das größte Mühlwerk, von einem verständigen Urheber seyn hervorgebracht worden.

*

Dir, Gott, sey Preis und Dank gebracht!
Dich soll mein Lied erheben!
Ich bin ein Wunder deiner Macht,
Du schufst auch mich zum Leben.
Mein ganzer Leib, erbaut von dir,
Ein jeder Sinn und Nerv an mir
Ist Denkmahl deiner Größe.

*

Eben so merkwürdig ist alles, was ich in der Natur wahrnehme. Jede Pflanze, jedes Thier ist so gebauet, daß es die ihm bestimmte Nahrung finden, zu sich nehmen, wachsen und sich fortpflanzen kann. Auch diese Einrichtung ist höchst weise, und muß also ebenfalls von einem verständigen Wesen seyn gemacht worden.

*

Dich predigt Sonnenschein und Sturm,
Dich preist der Sand am Meere.
Bringt, ruft auch der geringste Wurm,
Bringt meinem Schöpfer Ehre!
Mich, ruft der Baum in seiner Pracht,
Mich, ruft die Saat, hat Gott gemacht!
Bringt unserm Schöpfer Ehre!

*

Ein Mensch kann dies nicht seyn: denn kein Mensch kann begreifen, wie zugehe, daß ich nachdenke, daß in meinem Leibe die Speisen in Fleisch und Blut verwandelt werden, und daß meine Glieder sich so bewegen wie ich will. Kein Mensch kann in die Saamenkörner die Keime legen, aus denen die Pflanzen enstehen, noch die Leiber der Thiere hervorbringen, deren Bau so unbegreiflich ist, als der Bau des menschlichen Körpers.

*

Kein Mensch, kein Engel selbst, ermißt
Die Größe deiner Segen,
Wie gütig deine Weisheit ist
In allen ihren Wegen.
Gott, deiner Güte reicht so weit,
Als deines Reichs Unendlichkeit,
So weit, Herr, als dein Leben.

*

Außer mir sehe ich ferner Sonne, Mond und Sterne, die nach einer gewissen Ordnung so püntklich erscheinen, daß man in jedem Kalender lesen kann, in welcher Minute die Sonne auf oder untergehen, wann wir Voll- oder Neumond haben werden.

*

Ich sehe in der Sterne Heer
Zahllose Welten um mich her.
Es strebt und forscht der kühne Sinn
Durch alle diese Welten hin.

*

Die Ordnung hat kein Mensch gemacht. Es muß also wohl ein anderes verständiges Wesen da seyn, das mich und alles was um mich ist hervorbrachte.

*

Noch glänzten nicht die schönen Sterne,
Kein Firmament war ausgespannt.
Gott sprach, und jene blaue Ferne,
Und jenes Sternenheer entstand,
Und Sonnen strahlten nun ihr Licht
Mit aufgedecktem Angesicht.

*

Dieses verständige Wesen, von dem alles entstanden ist, nennen wir Gott.

*

Ich weiß, das Gott ist; Gott hat mich erschaffen!
Was hätt ich wider Furcht und Gram für Waffen,
Wenn diese Welt kein Werk zu seiner Ehre,
Wenn er nicht wäre!

Dritter Abschnitt.

Von der Wahrheit, die Jesus dem menschlichen Geiste mittheilt.

Das erste Stück der Veredlung, die Jesus den Menschen zu verschaffen sucht, ist also Wahrheit. Joh. 17, 17.

Die Wahrheit ist die richtige Vorstellung von den Personen und Sachen, vorzüglich solchen, mit denen wir in engerer Verbindung stehen. Das Gegenteil davon ist der Irrthum. Da nun der Irrthum eine Unvollkommenheit ist: So muß die Wahrheit eine Unvollkommenheit seyn. Wenn also Jesus die Wahrheit mittheilt: So schafft er uns wahre Veredlung.

Da die Finsterniß uns die wahre Gestalt der Personen und Sachen verbirgt, das Licht hingegen Sie sichtbar macht: So wird deßwegen die Wahrheit oft Licht, der Irrthum Finsterniß genannt. Es. 9, 2. Da Jesu, als dem Verbreiter der Wahrheit, wird selbst der Nahme, Licht, beygelegt. Joh. 1, 6–9 und die Mittheilung der Wahrheit Erleuchtung. Eph. 1, 17–19.

Das Wahre, was Moses von Gott gelehret hatte, z. E. daß er einig, unsichtbar, gütig, der Schöpfer der Welt sey, behielt Jesus bei, und bestätigte es. Überdieß berichtigte er aber auch mancherlei irrige Vorstellungen, die man sich bisher von Gott gemacht hatte, und lehrete die entgegenstehende Wahrheit.

*

Dich kennen, Gott, ist Seligkeit;
Und sich zu dir erheben,
Ist Wonne die mein Herz erfreut,
Wirft eifriges Bestreben,
Dir und der Jugend mich zu weihn;
Lehrt mich das Glück, ein Mensch zu sein,
Und froh es zu empfinden,
Daß du mein Herr und Vater bist,

Und daß dirs wahre Freude ist,
Schon hier mein Glück zu gründen.

*

Gott ist, nach der von Jesu gegebnen Vorstellung, nicht ein Regent, der von seinen Unterthanen eine sclavische Verehrung verlangt, sondern ein Vater, der bei Regierung seiner Familie immer nur ihr Bestes zur Absicht hat. Matth. 6. 6, 9, 32, nicht blos für die Verpflegung seiner Kinder, sondern vorzüglich für ihre Belehrung und Erziehung sorgt. 1.Tim. 2, 4. 1.Kor. 1, 8. 1.Thess. 5, 23. Bei ihm findet kein Zorn statt, sondern alle seine Handlungen sind Wirkungen der Liebe 1.Joh. 4, 8, 16. Daß dieß wahr sey, kann jeder an sich selbst wahrnehmen, wenn er auf die Leitung seiner Schicksale aufmerksam seyn will.

Gott ist ferner, nach der Lehre Jesu, nicht, wie man sonst glaubte, der Gott eines gewissen, von ihm vorzüglich begünstigten, Volks; sondern der Vater aller Menschen Röm. 10, 12. Eph. 3, 15. Wie kann es auch anders seyn, da man nirgends ein Volk findet, das nicht täglich Beweise der göttlichen Fürsorge erhielte.

*

Wer hat wohl sonst, als Jesus Christ,
so hell ans Licht gebracht,
Daß Gott der Völker Vater ist,
Voll Weisheit, Lieb und Macht?

*

Gott regieret die Welt, aber er leitet alles so, daß auch die geringsten Vorfälle nach seinem Willen erfolgen müssen. Matth. 10, 29–31.

*

Du, Glaube, heilsam für die Welt,
Du Glaube voller Ruh,

Daß ohne Gott kein Haupthaar fällt,
Du nahmst durch Jesum zu.

*

Dieß ist um so glaublicher, da die größten Gegebenheiten, oft aus sehr kleinen Ursachen entspringen. Ein einziger Feuerfunke, der in einem Pulvermagazin fällt, kann eine ganze Stadt verwüsten. Gott kann also die Stadt nicht schützen, wenn nicht auch die Feuerfunken unter seiner Aufsicht stehen. Es. 2. Sam. 18, 9. Die Art und Weise, wie dieß geschieht, ist uns freylich unbegreiflich; allein da wir doch in gut eingerichteten Staaten wahrnehmen, daß fast allenthalben nach dem Willen des Fürsten gehandelt werde: So können wir uns überzeugen daß es möglich sey, daß in dem Reiche Gottes, dem alle Naturkräfte unterthan sind, alles, nach seinem Willen erfolgen müsse.

*

Er will und Sonnen flammen
Auch drängt das Wasser, wann er spricht,
In Wolken sich zusammen,
Und ihre Bande reissen nicht.
Er ruft den Ungewittern;
Das Meer wird ungestümm;
Des Himmels Säulen zittern;
Die Erde bebt vor ihm.
Er will, und Blitze zünden
Gebirg an, Sie vergehn;
Er spricht und ruft den Winden,
Schnell wird sein Himmel schön.

*

Sich selbst nennt Jesus Gottes Sohn. Matth. 16, 15–17. Joh. 10., 36. 14, 28. Seine Lehren und Thaten beweisen auch, daß er unter allen, uns bekannten Personen, die höchste Aehnlichkeit mit Gott habe, und von ihm ganz vorzüglich bevollmächtigt sey, seine Stelle sey den Menschen zu vertreten und Sie heil zu befördern.

*

Jesu! Sohn des Höchsten,
Heiland von uns allen!
Laß dir unser Lob gefallen.
Deines Vaters Liebe hast du uns erkläret,
Und auch durch die That bewähret.
Herr! Du hast uns der Last,
Welche Sünder drücket,
Gnadenvoll entrücket.

*

Der Mensch ist das vorzüglichste Geschöpf Gottes auf Erden, das nach seinem Bilde gemacht ist, Jacob. 3, 9. und ihn deßwegen seinen Vater nennen darf. Matth. 6, 9. Denn er ist der Stellvertreter Gottes auf Erden, bearbeitet und verschönert Sie, vergrößert ihre Fruchtbarkeit, benutzt alles, was Sie hervorbringt, beherrscht die Thiere, vermindert und vergrößert ihre Anzahl, zwingt Sie zum Theil in seinem Dienste zu arbeiten, richtet die Augen nach dem Himmel, betrachtet die Himmelskörper und beobachtet ihren Lauf; kann nachdenken und sich immer mehr vervollkommnen; er wirkt an mehreren Orten zugleich, durch Schriften und Aufträge, seine Wirksamkeit erstreckt sich oft auf Jahrtausende. Die Schriftsteller des Alterthums wirken, durch ihre Schriften, auf uns; er sorgt nicht nur für sich und seine Familie, sondern, auf eine Gott ähnliche Art, auch für andere, ihm oft unbekannte Menschen. Dieß beweiset die Stiftung jeder Schule, jedes Armenhauses. Es. 1. B. d. Kön. 6.

*

Gott werde stets von dir erhoben,
Du, deines Schöpfers Bild, mein Geist!

Sollt ich nicht meinen Vater loben,
Den jedes seiner Werke preißt,
Ihn, der mich schuf, mich sein zu freun,
Und seinem Lobe mich zu weihn?

*

Diese Ähnlichkeit mit Gott ist aber, bey der Geburt des Me-
schen, bloß Anlage. Er kann noch nicht nachdenken, sondern
folgt wie ein Thier, seinen Empfindungen und Trieben, ist das
noch nicht, was er seyn soll. Joh. 3, 6. Röm. 7, 23.

*

Da ich ungewiß noch wankte,
Jeder Schritt noch strauchelnd war,
Da kein Lallen dir noch dankte,
Da schon nahmst du meiner wahr;
Sorgtest schon im schwächsten Alter
Mehr als väterlich für mich,
Welcher Dank, o mein Erhalter,
Ist wohl groß genug für dich?

*

An dem Menschen müssen wir dreyerley unterscheiden, den
Geist, oder die Seele, den Leib und den äußerlichen Zustand.
Der erste ist bey weitem das wichtigste: denn er ist der Mensch
selbst. Alles Übrige ist außer ihm. Matth. 16, 26.
Da die Menschen gewöhnlich ihre vorzüglichste Sorge auf die
Verpflegung des Leibes und die Verbesserung ihres Zustandes
richten: So verlangt die lehre Jesu, daß wir die Sorge für den Geist
zu unserm Hauptgeschäfte machen. Matth. 6, 33. 2. Kor. 4, 18.

*

Mach meiner Seele Seligkeit
Laß, Herr, mich eifrig streben.

Sollt ich die mir verliehne Zeit
In Sicherheit verleben?
Wie würd ich einst vor dir bestehn?
Wer in dein Reich wünscht einzugehn,
muß reinen Herzens werden.

*

Aber auch der Leib darf nicht vernachlässiget werden. Er ist das Werkzeug, dessen sich der Geist bey seinen Reden und Handlungen bedient, und kann als Gottes Tempel betrachtet werden, da Gott durch unsern Geist, vermittelst des Körpers, wirke 1. Kor. 6, 19. Die Sorge für denselben besteht aber nicht bloß in Verpflegung, sondern auch, und vorzüglich, in Gewöhnung desselben, den Willen des Geistes zu thun. 1. Kor. 9, 27.

*

Des Leibes warten und ihn nähren,
Das ist, o Schöpfer, meine Pflicht.
Muthwillig seinen Bau zerstören,
Verbietet mir dein Unterricht.
O stehe mir mit Weisheit bey,
Daß diese Pflicht mir heilig sey!

*

Die Arbeit ist nicht, wie es oft scheint, eine beschwerliche Last, sondern ein göttlicher Auftrag Eph. 6, 7. 2 Thess. 3, 12. 1.Kor. 12, 28. Wodurch wir unsere Kräfte üben und vervollkommnen, und unsern Beytrag zum Besten der Menschenfamilie geben 1. Kor. 3, 9. 12, 7.

*

Herr! Nicht zum Müßiggehen
Hieß mich dein Rath entstehen;
Ich soll hier thätig seyn;

Soll mich mit meinen Kräften
Nur nützlichen Geschäften,
Der Welt und mir zum Besten, weihn.
Die Arbeit stärkt die Kräfte,
Und Fleiß in dem Geschäfte
Gibt ein vergnügtes Herz;
Vor manchen trüben Sorgen
Sind wir beym Fleiß geborgen,
Vor mancher Krankheit, manchem Schmerz.

*

Alle unsere Güter, wenn wir Sie uns auch durch unser Nachdenken und unsern Fleiß scheinen verschafft zu haben, und doch Gaben Gottes, da wir die Kräfte, mit welchen wir arbeiten, ihm zuschreiben müssen, und alles durch die Naturkräfte, die er leitet, hervorgebracht wird. Matth. 6, 11.

*

Du tränkst das Land,
Führst uns auf grüne Weiden;
Und Nacht und Tag,
Und Korn und Wein und Freuden
Empfangen wir aus deiner Hand.

*

Die widrigen Schicksale, die uns von Zeit zu Zeit treffen, sind nicht, wie es uns bißweilen vorkommt, ein Uebel, sondern eine Wohlthat Gottes, wodurch er uns zu üben und zum Guten zu erziehen sucht. 2. Kor. 4, 17, 18. Röm. 8, 28. Ep. 12, 6, 7, 9–11. Das Wohlthätige derselben kann jeder an sich selbst wahrnehmen, indem man gewiß finden wird, daß man bey widrigen Schicksalen weit aufmerksamer auf sich und seine Handlungen sey, als wenn alles nach Wunsch geht. Josephs 1. B. Mos. 50, 20.

*

Trift dich ein Leiden, duld es nur;
Auf Leiden folget Segen.
Kein Baum trägt Früchte, keine Flur
Blüht ohne Sturm und Regen.
So bringt mein Herz
Auch oft durch Schmerz
Zu meines Gottes Freuden;
Nimmt er mich dann
Zu Ehren an:
Was schaden alle Leiden?

*

Die sichtbare Welt, die für die Sinne so vielen Reiz hat, ist ver-
gänglich, und der Besitz der Güter derselben kann uns die
Glückseligkeit nicht verschaffen. 2. Kor. 4, 18. 1. Joh. 2, 15, 17.

*

Gibst du mir Segen; laß auf dieß
Mein ganzes Glück nicht bauen.
Der Reichthum ist zu ungewiß,
Um je auf ihn zu trauen.
Du, Ewiger, du sollst allein
Mein Reichthum, meine Zuflucht seyn;
Auch dann, wann Thränen fließen.
Mach mich von eitler Sorge frey!
Du gibst ja Allen allerley
An Gaben zu genießen

*

Die Menschen, die, in Ansehung ihrer äußerlichen Gestalt,
ihres Standes, ihrer Einsichten, Gesinnungen und Religio-
nen, so äußerst verschieden sind, sind doch alle Kinder des

himmlischen Vaters, folglich unsere Brüder. Ap. Gesch. 17, 26, 27, 29. Dieß muss einem jeden, der die Menschen beobachtet, einleuchten. Sie haben ja alle das Bild des gemeinschaftlichen Vater an sich, und können ihm immer ähnlicher werden. Ja die menschliche Gesellschaft macht gleichsam nur einen Leib aus, davon jeder Mensch ein Glied ist. Röm. 12, 4, 5. Wer daran zweifelt, der frage nur nach, wem er seine Kleidung, seine Wohnung, sein Hausgeräthe, seine Nahrungsmittel, und alles, was er besitzt, zu verdanken habe, und er wird gewiß finden, daß mehrere hundert, ihm größtentheils unbekannte, Menschen für ihn gearbeitet haben. Kön. 10, 28, 29.

*

Heilig, heilig ist das Band,
Das die Menschen bindet,
Ist geknüpft von dessen Hand,
der mein Wohlseyn gründet.
Ach, er will, daß besser mir
Seine Welt gefalle.
Einen Schöpfer haben wir,
einen Vater alle!

*

Die Lebenszeit, deren Stunden und Tage gewöhnlich in den Augen der Menschen einen geringen Werth haben, ist doch sehr wichtig, weil durch den Gebrauch, den wir davon machen, unser zünftiges Schicksal bestimmt wird. Gal. 6, 7–10. Wie viel Gutes kann man in einer wohl angewendeten Stunde lernen und thun! Er. 1. B. Mos. 21, 33.

*

Unaussprechlich schnell entfliehn
Die mir zugezählten Stunden!
Wie ein Traum sind sie dahin,

und auf ewig mir verschwunden;
Nur der Augenblick ist mein,
Daß ich mich noch jetz kann freun.
Daß bey ihrer Flüchtigkeit
Mich, mein Gott, doch nie vergessen,
wie unschätzbar sey die Zeit,
die du hier uns zugemessen;
wie, was hier von uns geschieht,
ewige Folgen nach sich zieht.

*

Dem Anscheine nach ist der Tod Zerstörung des Menschen.
Dieß ist aber Irrthum. Nach der Versicherung der Lehre Jesu
ist er weiter nichts als Ablegung des Leibes. Der Geist lebt auch
nach dem Tode fort. Matth.10, 28. Joh. 11, 23, Luc. 23, 42, 43. Und
kommt in einem Zustand, wo er die Folgen seiner Handlungen
ewig genießen wird.

*

Nein! Für wenig Augenblicke
Schufst du nicht des Menschen Geist;
Du berufst zum ewigen Glücke
Alles, was dich Vater heißt.
Seelen, Geister sterben nie.
Nach des kurzen Lebens Müh
Wirst du ihre Thaten richten,
Aber Sie selbst nie vernichten.

*

Ob es gleich scheint, als wenn nach dem Tode, der menschliche
Leib ganz zerstört würde, indem die Verwesung ihn auflöst,
und die aufgelöseten Theile den Gewächsen Nahrung geben;
So verhält es sich doch ganz anders, indem die feinern Theile
durch die Verwesung von den gröbern getrennt werden, und

dann einen feinern Leib bilden, so wie der Keim des Weizenkorns, daß in die Erde geworfen wird, hervorgeht und eine neue Pflanze bildet. 1. Kor. 15, 35–44.

*

Geist! Das ist mein hoher Nahme;
Dieser Leib ist Hülle nur,
Einst des edlern Leibes Saame
Auf der Auferstehung Flur!
Wie das Korn wird aufgelöst,
Frucht zu bringen: so verwest
Auch mein Leib, um höheres Leben
Einem edlern Keim zu geben.

*

Die wichtige Lehre von der ewigen Fortdauer des Menschen, die wir als eines der wichtigsten Geschenke betrachten müssen, die Jesus der Welt hinterlassen hat, wird uns immer glaublicher, je mehr wir über Gottes Güte, und die großen Vorzüge, die er den Menschen ertheilte, nachdenken, und wahrnehmen, daß wir noch nicht sind, was wir, nach unsern Anlagen und Kräften, seyn sollten, und seyn könnten. Wenn wir aber durch Befolgung des göttlichen Willens Gott immer ähnlicher werden, und so die Ueberzeugung bekommen, daß er unser Vater sey, und wir seine Kinder sind: So verschwinden alle Zweifel gegen dieselbe. Joh. 8, 51. Joh. 7, 17. Denn wie kann man glauben, daß ein guter Vater, in dessen Gewalt das Leben seiner Kinder ist, ihnen dasselbe entziehen werde? Er. 2. Tim. 4, 7, 8.

*

Dieser heisse Durst im Herzen
Nach der Unvergänglichkeit,
Dieser Drang in Leid und Schmerzen
Nach vollkommner Seligkeit,

Zeugen, Bürgen sind Sie mir,
Daß ich mich, mein Gott, zu dir,
Daß ich einst, wohin ich strebe,
Mich erheb und ewig lebe.

*

Alle Naturbegebenheiten, die oft mit unsern Wünschen nicht übereinstimmen, und daher unangenehm sind, und oft für Wirkungen des göttlichen Zorns angesehen werden, sind Wirkungen der göttlichen Liebe. Matth. 5, 45. Dieß wird uns um desto glaublicher, je mehr wir bedenken, daß Gott nicht bloß für jeden einzelnen Menschen, sondern auch für das Ganze sorge, und daß eine Naturbegebenheit, die einzelnen Menschen nachtheilig zu seyn scheint, für das Beste des Ganzen sehr wohlthätig seyn könne; und daß Gott bey seiner Regierung nicht bloß die Beförderung des Vergnügens und des Vortheils der Menschen, sondern vorzüglich ihre Erziehung zur Absicht habe, wozu unangenehme Naturbegebenheiten gar vieles beytragen können. Er. 1. B. Mos. 41, 56, 57. 42, 1–3.

*

Scheint gleich der Grund der Welt sich wankend zu bewegen;
Strömt aus den Wolken uns ein Feuermeer entgegen;
Heult gleich mit Ungestüm empörter Winde Wuth,
Stürzt Hagel aus der Höh, braußt eine Wasserfluth:
So bebet, blitzt und braußt doch Alles dir zu Ehren;
Du lassest deine Stimm im Wetter mächtig hören.
Nicht nur von Allmacht zeugt die bebende Natur;
Nein, Sie entdeckt uns auch der weisen Liebe Spur.

*

Es ist sehr gewöhnlich, die Thiere und Kräuter, die uns nicht unmittelbar nützen, gering zu schätzen; nach Jesu Lehre müssen Sie aber einen großen Werth haben, da Sie alle von Gott

erhalten und ernähret werden. Matth. 6, 28–30. Matth. 10, 29.
Man sieht dieß auch an dem Baue eines jeden, der eben so weiblich, wie der Bau der Pflanzen und Thiere, deren Nutzen wir kennen, eingerichtet ist. 1. B. d. K. 4, 33.

*

Das Würmchen in dem Staube
Die bunte Raup am Laube,
Das Gras, die schlanken Halmen
Sind deiner Güte Psalmen.

*

Nach der Versicherung Jesu gibt es noch viele Geschöpfe, die vollkommener sind, als die Menschen, und die wir mit unsern Sinnen nicht empfinden können, Die Engel, Matth. 18, 10. 22, 30. Wie können wir daran zweifeln? Unter allen Werken Gottes, die wir sehen, ist doch der Mensch das vollkommenste – und ist doch so schwach und unvollkommen! Sollte wohl der Allweise nichts vollkommneres hervorgebracht haben?

*

Auch Engel, deren Geistesblick
Kein schwaches Licht begränzet,
Und denen hohes Himmelsglück
In reichem Maaße glänzet,
Schufst du, o Gott, Unendlicher,
Der Wesen Vater und ihr Herr;

*

So gibt es auch unsichtbare Wesen von einer bösen Gesinnung, die Teufel genannt werden. Johannes 8, 44. Matth. 25, 41.

*

Doch, weh den Geistern allen,
Die, Herr, von dir gefallen,
Und nun verworfen sind!
Uns soll ihr Elend lehren,
Von dir uns nie zu kehren,
Weil alles heil sich in dir findt.

Quelle 2: Beschaffenheit und Wertschätzung des Leibes

(Anm. des Herausgebers: Um die Beschaffenheit und die Wertschätzung des Leibes bei Salzmann angemessen darzustellen, ist das nachfolgende Kapitel 12 einschlägig. Die übrigen Kapitel werden ausgelassen.)

Gottesverehrungen gehalten im Betsale des Dessauischen Philanthropins (1786)

Zwölfte Verehrung.

Gemeine.

Mel. Sey Lob und Ehr dem höchsten Gut!
Dir, Gott, sey Preis und Dank gebracht!
Dich rühme Harf und Psalter!
Ich bin ein Wunder deiner Macht,
Mein Gott und mein Erhalter!
Der ganze Leib, erbaut von dir,
Ein jeder Sinn und Nerv an mir
Beweiset deine Größe.
Wer lenket meines Blutes Lauf?
Wer hält das Herz so rege?
Wer drängt die Lung und schwellt sie auf,
Damit ich athmen möge?
Gott ists, auf dem mein Leben ruht!
Schlag Herz, und nähre mich o Blut,
Daß ich den Höchsten preise!

Wenn, meine Lieben! einmal alle Pflanzen und Thiere, Sonne und alle Sterne zerstöret, alle Meisterstücke Gottes zerschlagen werden sollten, und von der ganzen Natur bliebe nichts mehr übrig, als wir: so würden schon wir, wir allein, unwiderlegliche Beweise von der Macht und Güte des Allvaters seyn.

Wie viele Kunst ist auf den Bau unsers Körpers verwendet worden! Er ruhe auf zwo festen Säulen, die aber nicht, wie die Stämme der Bäume, durch Wurzeln an die Erde gefesselt sind, sondern die sich bewegen und ihn von einem Orte zum andern tragen können. An seiner Seite sind Arme, die die grösten Lasten heben, und alles herbeyziehen können, was des Körpers Bewohner, die Seele verlanget. Diese Hände sind aus einer Menge von Gelenken zusammengesetzt, mit denen wir tausenderley Geschäfte verrichten können. Dieses Haupt, der Seele Sitz, ist, wie eines Fürsten Palast, mit Thoren versehen, durch welche uns von allem, was um uns ist und geschieht, Nachricht ertheilet wird. Augen, Ohren, Nase und Mund, sind sie nicht immer geöffnet, um Neuigkeiten der Seele zu hinterbringen? In dieser Brust schlägt etwas, das schon schlägt, seit dem ich da bin, ohne daß ich mir die geringste Mühe gebe seine Bewegung zu befördern. Es ist mein Herz, das durch seine Bewegung des Blutes Umlauf befördert, und es von einem Theile zum andern treibt. Die Speisen, die Getränke, die ich genieße, werden in mir so verarbeitet, daß alle meine Glieder davon Nahrung und Kraft empfangen. Dadurch bin ich aus einem Kinde zu einem Manne angewachsen; und zu alle dem habe ich sowenig beygetragen, daß ich freymütig gestehe, daß mir die Beschaffenheit dieses Geschäftes ein Geheimnis ist. Wie viele Muskeln und Nerven werden erfordert, um nur eine Handlung hervorzubringen! Wie viele Werkzeuge sind nöthig, um deinen Namen auszusprechen: mein Schöpfer!

Gemeine.
Mel. Sey Lob und Ehr dem höchsten Gut!
Haupt, Aug und Ohr, und Mund und Hand,
Die ich zu dir erhebe.
Die Haut, so künstlich ausgespannt,
Der Nerven sein Gewebe,
Und alle Glieder sagen mir:

Ich sey o Gott ein Werk von dir,
Ein Werk von deiner Weisheit.

Ist nur unser Leib, Gottes Werk, hat er auf die Ausbildung desselben soviel Weisheit verwendet, so ist es höchst billig, daß wir
dieses Geschenk Gottes, treulich vor Gefahr bewahren, und alles entfernen, was seine Gesundheit stören, seine Kraft schwä-
chen, sein Leben verkürzen könnte, hingegen alle erlaubte Mittel brauchen, seine Munterheit, Kraft und Leben zu befördern.
Und wo werden wir dieses lernen? Wo wohnen die Aerzte, deren
Unterricht wir deswegen besuchen müssen? Welches sind die
Bücher, die deswegen nachzulesen sind? O meine Lieben, der
gute Gott hat die Mittel, die zu unserer Glückseligkeit schlechterdings nöthig sind, so tief nicht verborgen. Das Gold legte er
in die Eingeweide der Erde, das Korn aber, das wir täglich bedürfen, ließ er auf der Oberfläche wachsen, und wir können es
mit leichter Mühe anbauen. So bedarf es keine große Belesen-
heit, um die zur Erhaltung der Gesundheit nöthigen Mittel zu
erfahren. Der gesunde und unverdorbene Menschenverstand
zeigt sie uns; und wenn wir gesunde Menschen finden wollen,
dürfen wir sie nicht in den prächtigen Häusern, noch in Studierstuben, sondern wir müssen sie in den Hütten der Land-
leute suchen, deren Verstand seinen ungekünstelten Gang bey-
behalten hat.
Es ist keine Gelehrsamkeit nöthig, um uns zu überzeugen, daß
heftige Leidenschaften der Gesundheit nachtheilig sind. Eben
der Verstand, der einsieht, daß ein Haus nicht lange stehen
kann, das dem Toben der Stürme und den Fluthen eines reis-
senden Stroms zu sehr ausgesetzt ist, kann sich auch leichter
überzeugen, daß durch Leidenschaften, die auf eine gewaltsa-
me Art das Gebäude unsers Leibes erschüttern, und das Blut in
unnatürliche Bewegung setzen, die Festigkeit dieses Gebäu-
des müsse mürbe gemacht werden. Der Zorn, wie schrecklich
macht er die Augen funkelnd, wie abscheulich verzieht er die

Gesichtszüge! Convulsivische Bewegungen wirket er. Der Haß, der Neid, gleichen Schlangen, die über alle Freuden, die Gott bescheret, ihr Gift ergießen, sie unschmackhaft und schädlich machen. Sie verscheuchen den Schlaf, und peinigen den Schlummernden mit ängstlichen Träumen. Traurigkeit, wenn sie anhält, verzehret nach und nach die Kraft und das Mark, und verbreitet über unser Gesicht und ganzen Anstand Verdrossenheit. Selbst Freude, wann sie zu heftig ist, setzet das Blut in eine so heftige Bewegung, die bisweilen Gedankenlosigkeit und Ohnmacht nach sich zieht.

Die Leidenschaft, die der weise Schöpfer uns einpflanzte, daß sie gleichsam ein Sporn zu nützlichen UInternehmungen seyn sollten, sind unsere Mörder, wenn wir sie ungezähmt wüten lassen. Die mehresten Krankheiten werden durch sie gewirket, durch sie wird die menschliche Gesellschaft mehrerer Glieder beraubt, als durch den blutigen Krieg.

Wenn nun Christus von denen, die ihm angehören, verlanget, daß sie ihr Fleisch samt den Lüsten und Begierden kreuzigen sollen: ist die vielleicht ein strenges willkührliches Gesetzt? Nichts weniger als dieses. Es ist der Rath eines weisen Freundes, den wir nie, ohne uns selbst zu schaden, verachten können. O möchten wir doch also alle nach dieser Geistesstärke ringen, die Christus von den Seinigen verlanget, die durch nichts ganz erschüttert wird, nach dieser edeln Unabhängigkeit von äußerlichen Umständen. Möchtet ihr doch, meine Lieblinge! frühe darnach ringen! frühe gegen eure Leidenschaften kämpfen, ehe sie Wurzel schlagen, mit der Zunahme der Jahre Kräfte sammeln, und endlich unbezwinglich werden! Möchte doch euer ganzes jugendliches Leben eine Uebung in der Selbstbeherrschung seyn. Dies würde nicht nur euern Geist stark machen, daß ihr, wie Männer, durch die beständigen Abwechselungen dieses Lebens gehen könntet, ohne jemals durch kindische Freude oder kindisches Klagen eure Gemüthsruhe zu stören; auch euer Körper würde stark werden, und vor hunderterley

Uebeln bewahret bleiben, die Krankheiten der Sclaven sind, die von ihren Leidenschaften sich befehlen und mißhandeln lassen.

Zwar ist es schwer die Herrschaft über die, der Gesundheit des Körpers und der Ruhe der Seele so nachtheilige, Heftigkeit der Leidenschaften zu erlangen, aber unmöglich ist es nicht. Wenn man sich früh gewöhnt, die Güter und Leiden dieses Lebens, nach ihren wahren Werthe, sich vorzustellen, und immer in Verbindung mit der Ewigkeit zu denken: so werden auch weder Verlangen noch Furcht so stark wie bey einem Menschen werden, der alles bloß nach seinen Empfindungen beurtheilt. Und durch herzliches Gebet werden wir uns immer so viele Kraft verschaffen als zur Beherrschung derselben nöthig ist.

Gemeine.
Mel. Vor deinen Thron tret ich hiermit!
Oft fehlet mir an Licht und Kraft,
Zu siegen über Leidenschaft.
Mein Vater hilf im Kampfe dann,
Daß ich den Sieg erringen kann!

Das wir Speise und Trank und die Erquickung des Schlafes genießen müssen, wenn unser Körper bey Kräften bleiben soll, lehret uns, ohne daß wir deswegen viel Bücher lesen dürfen, die Erfahrung. Aber eben diese überzeuget uns auch, daß wir alles dieses mit Vorsicht und Mäßigung gebrauchen müssen, wenn es uns nicht verderblich werden soll. Die junge Pflanze, die der Strahl der Sonne drückt, lebt wieder auf, wenn sie mit Wasser befeuchtet wird, aber sie sinkt auch um, wenn man das Begießen übertreibt. So ist auch alle Nahrung und Erquickung schädlich und verwandelt sich in Gift, sobald man bey dem Genuß derselben die nöthige Mäßigung vernachläßiget.

Das Gewürz, das in heissen Gegenden für uns gebauet wird, erwärmt das Blut, wenn wir es selten geniessen, wenn wir es nicht zu unserm gewöhnlichen Nahrungsmittel machen, der Saft der Traube heitert das Herz auf, wenn wir ihn mit Mäßigung trinken; aber Nervenschwäche, unordentliches Aufbrausen, oder Stockung des Blutes, Beängstigung und Trübsinn, sind die gewöhnlichen Wirkungen, die durch unmäßigen Genuß dieser Dinge erzeuget werden.

Auch die einfachsten Nahrungsmittel werden giftartig, sobald man davon mehr zu sich nimmt, als unser Durst und Hunger fordert. Die Natur ist zu schwach den Ueberfluß zu verarbeiten, mit dem sie überladen wird, führet dem Blute rohe Säfte und mit denselben den Saamen zu mancherley Schmerzen und Krankheiten, Todessaamen führet sie ihm zu.

Welcher Balsam für den Müden ist der Schlaf! Wie kraftvoll sind unsere Glieder wenn wir denselben einige Stunden genossen haben! aber auch wie entnervet und träge, wenn wir uns demselben zu lange überlassen!

Wenn ihr also, liebe Zöglinge! den Werth eines gesunden kraftvollen Körpers zu schätzen wisset; wenn die Grundsätze, die euch täglich beygebracht werden, nicht ganz ohne Wirkung sind, o so fliehet früh diese schmeichelhaften und doch gefährlichen Feinde eurer Gesundheit und Lebens. Nie gelüste euch die hitzigen Gewächse des Orients, das zur Fäulniß geneigte Fleisch, oder erkünstelte Speisen zu eurem gewöhnlichen Nahrungsmittel, noch Wein oder warme Getränke zu einem Bedürfnis zu machen. Die Früchte des Feldes und des Baumes, das kraftvolle Brod, die Milch der Heerden, sey lebenslang eure gewöhnliche Nahrung, die kühle Quelle euer Trank; alles andere genießet sparsam.

Fliehet die Unmäßigkeit, und lernet bald auch die schmackhaftesten Nahrungsmittel stehen zu lassen, sobald euer Hunger und Durst befriedigt ist!

Versaget niemals euren Gliedern die Stärkung der kühlen Morgenluft, und schämet euch, die schönsten Stunden des Tages, da alles erwachet, in träger Unempfindlichkeit zu verträumen.

Dann verdienet ihr den Namen verständige Zöglinge mit Recht, könnet andern Jünglingen und Kindern zum Muster vorgestellet werden, und ein leichtes Blut, kraftvolle Glieder, werden, wenn nicht durch andere Umstände einer oder der andere eurer innern Theile verletzet wird, euer gewisser Lohn seyn.

Die Zöglinge.
Mel. Wer nur den lieben Gott läßt walten
So oft ich Speiß und Trank genieße,
Will ich der Sinnlichkeit nicht traun,
Und daß ich den Genuß versüße,
Will ich auf Gott, den Geber, schaun.
Der spricht: vermeide Luft, o Christ,
Die deinem Glück entgegen ist!

Durch eben die Erfahrung, die uns die Schädlichkeit der Unmäßigkeit lehrer, erkennen wir auch, daß Uebung unserer Kräfte ein vorzügliches Stärkungsmittel derselben sind. Ein Mann der viel gedacht hat, kann weit schärfer denken, als ein anderer, der bloß Handarbeit treibt; ein Arm, der stark angestrenget wird, hat mehr Kraft, als ein anderer, der von seinem Füßen wenig Gebrauch macht.

Wie abscheulich muß uns also nicht die Trägheit seyn! Außer dem Trübsinne, mit dem sie die Seele peinigt, außer den Thorheiten und Muthwillen, wozu sie insgemein verleitet, macht sie auch ungesund. So wie ein stehendes Wasser in Fäulniß geht, so wie ein Eisen, das nicht gebraucht wird, rostet, so verzehren sich auch langsam die Kräfte des Faulen, und in seinem Blute erzeugen sich Krankheiten. Thätigkeit sey also, meine Lieben, eure Lieblingstugend. Nie genießet der Ruhe und des Vergnügens, ohne euch zuvor desselben, durch Verrichtung nützlicher Geschäfte, würdig gemacht zu haben.

Die Arbeiten, die ihr izo, lieben Zöglinge! verrichtet, sind mehrenteils Arbeiten des Geistes. Und ich zweifele gar nicht, daß durch treue Abwartung derselben euer Verstand werde geschärfet, und im Nachdenken geübet werden. Aber noch sind wir nicht ganz Geist, noch sind wir enge an unsern Körper gebunden. Wenn wir also bloß die Geisteskräfte üben, die körperliche Kräfte ruhen lassen wollten, würden diese nicht schwach bleiben, und am Ende gar, gleich dem Eisen, das man lange ungebraucht liegen läßt, mürbe werden? Ist dies nicht die Ursache von dem Trübsinn, der Aengstlichkeit und Nervenkrankheiten, die in unsern Tagen bey denen, die sich den körperlichen Geschäften ganz entziehen, so gewöhnlich sind? Glaubet also ja nicht, als wenn die gymnastischen Uebungen, zu welchen ihr bey uns angeführet werdet, bloß zum Zeitvertreibe und zur Belustigung angestellet würden! Sie sind aus weisen Absichten bey unserm Institute eingeführet worden, um jede Kraft, die der gute Schöpfer in eure Muskeln gelegt hat, zu entwickeln und zu verstärken. Sie sollen Erhaltungsmittel eurer Gesundheit seyn. Daß ihr mehr Kraft und Munterkeit, als viele andere Kinder und Jünglinge von eurem Alter besitzet, habt ihr vorzüglich ihnen zu danken. Auf diese Uebungen allen Fleiß zu wenden, ist also eure Pflicht. Und auch künftig, wenn ihr von uns getrennet werdet, eurem Körper täglich Bewegung zu verschaffen, erfordert die Liebe zu eurer Gesundheit.

Möchte doch bald, bald, der große Werth der nützlichen Anwendung körperlicher Kräfte allen wieder so in die Augen leuchten, wie ihn unsere Vorfahren erkannten, damit unser Körper wieder diejenige Festigkeit, unsere Nerven die Kraft, unsere Arme das Mark wieder bekämen, das unsere Vorfahren hatten.

Gemeine.
Mel. In dich hab ich gehoffet Herr,
Laß fliehen mich den Müssiggang,
Daß ich der Welt mein Lebenlang
Zu nützen mich bemühe!
Und auch bey Schweiß

Und treuem Fleiß
Des Leibes Wohlseyn blühe.

So wie in einem stehenden Wasser sich allerley Würmer und
Gewächse erzeugen, die in einem Strome nicht fortkommen,
so erzeuget auch der Müssiggang mancherley Untugenden, die
mit einer thätigen Lebensart nicht bestehen können, und die
der Gesundheit eben so nachtheilig, als der Müssiggang selbst,
sind.

Ein träger Mensch ist immer zur Unreinlichkeit geneigt. Sein
Zimmer, seine Kleidung, sein Leib selbst, sind gewöhnlich mit
Schmutz bedeckt, der nach und nach die Säfte verderbet und
eine Menge von ekelhaften Zufällen hervorbringt.

Er gewöhnet sich leicht zur Weichlichkeit. So wie er alles scheuet, was die Nerven angreift, so scheuet er auch die kühle Luft
und die frische Quelle, diese zwo unschätzbaren Mittel zur
Erhaltung menschlicher Gesundheit; athmet lieber die, durch
mannichfaltige Ausdünstungen vergiftete Luft, seines Zimmers ein, als die kühle balsamische Luft des Feldes, sitzet lieber
am heißen, seine Säfte vertrocknenden Ofen, als das er durch
die wohltätige Kälte des Winters seine Nerven stärken sollte,
genießt lieber warme, schwächende, ausländische Getränke, als
den erfrischenden Trunk der Quelle, und macht dadurch sich
selbst weich und kraftlos.

Und wie oft verfällt der Träge auf unkeusche Ausschweifungen,
dadurch er seinen Leib schändet, seine Nerven schwächet, daß
er wie eine welkende Blume im Frühlinge seiner Jahre dahin
stirbt!

Fern sey es von uns allen, daß wir unsern Leib, Gottes Werk, so
entehren, so zu Grunde richten sollten. Sein täglicher Schmuck
sey die Reinlichkeit. Sie wird ihn nicht nur schmücken, sie wird
ihn auch vor mancherley Plagen bewahren, die der Unreinliche
empfindet. Frei von den Vorurtheilen, die oft durch unweise
Erziehung mitgetheilet werden, lasset uns fleißig Gebrauch

machen von der Stärkung, die Gott in die kalte Luft und Wasser gelegt hat. Jede Art der Unkeuschheit, die im Stillen wie ein Seuche umherschleicht, so vielen Gram, so viele Thränen und Händeringen hervorbringt, der Jugend Heiterkeit Munterheit und Gesundheit raubet, jede Art dieses Lasters bleibe unter uns unbekannt, damit keinen die schreckliche Drohung treffe: *wer den Leib, der Gottes Tempel ist, verderbet, den wird Gott wieder verderben!*

Gemeine.
Mel. Sey Lob und Ehr dem höchsten Gut
Gieb eine keusche Seele mir,
Daß ich mit meinem Leibe
Nie frevle, daß er immer dir,
O Gott, geheiligt bleibe;
Daß rein und keusch mein Auge sey,
Und sittsam, daß ichs immer frey
Zu dir erheben könne!

Bey eurer Liebe zu euch selbst, bitte ich nochmals, brauchet alle unschuldigen Mittel eure Gesundheit zu erhalten, und fliehet alles, was ihr ohne Verletzung höherer Pflichten, fliehen könnet, was eurer Gesundheit nachtheilig ist! Denn ist sie einmal verlohren, so wird sie selten vollkommen wieder gefunden. Ein entnervter Körper bekömmt nie die Kraft durch Arzney wieder, die ein anderer besitzt, der nie entnervet wurde. Und zwischen natürlicher und erkünstelter Gesundheit bleibt allemal ein Unterschied, wie zwischen einem ganzen und einem geflickten Kleide.

Nach der Gesundheit der Seele kenne ich kein größeres Gut, als Gesundheit des Leibes. Die Reichthümer von Peru und die Herrschaft über die Hälfte von Europa, sind dagegen wahre Kleinigkeiten. Denn was hilft mir dieß alles, wenn ich kränklich bin? Meine Kränklichkeit breitet über alles einen schwarzen Flor, der mir die Schönheit desselben entzieht. Der Wein, der in meinem Glase perlet, die Leckerbissen, mit denen meine Tafel besetzt ist, sind mir unnütz, wenn ich sie nicht geniessen kann: Gift sind sie mir, wenn der Genuß derselben mir Schmerz verursachet. Das weiche Bette ist mir hart, wenn ich in dem selben keine Ruhe habe, die schönste Musik ist Misklang, wenn meine Nerven verstimmt sind. Und wenn ich hundert Palläste und tausend Städte mein Eigenthum nennen könnte, aber das kleine Zimmer, wo ich wohne, mein Körper, wäre eine Wohnung der Quaal, so macht mich dieß eben so wenig glücklich, als wenn ich in der Mitte eines prächtigen Pallastes, in einem dunklen, edelhaften, schaudervollen, Gefängnisse an Ketten läge.

Bin hergegen gesund – Gott! wie mannichfaltig sind dann meine Freuden! Wohin ich sehe lacht mich alles an. Habe ich keine Reichthümer, die mich ergötzen könnten, so habe ich doch dein Feld, voll Bäume und Gras, und Vögel und Thiere, habe deine Sonne, deinen Mond, deinen sternenvollen Himmel, an denen ich meine Luft sehen kann. Wie schmackhaft ist mir dann jede Mahlzeit. Bestünde sie auch nur aus Brod und Wasser, so wird die Gesundheit ihr doch eine Süffigkeit ertheilen, die kein Gewürze geben kann. Und wenn ich mit gesundem Blute mich zur Ruhe lege, wäre mein Lager auch Stroh, doch würde ich sanfter ruhen, als ein kranker König. Wäre meine Wohnung auch eine Strohhütte; wenn nur mein eigenthümliches Zimmer, mein Leib, in Ordnung ist, wenn meine Glieder voll Kraft, meine Eingeweide thätig sind: kann ich nicht vergnügt seyn?

Krankheit macht uns zu allen Geschäften untüchtig. Der Körper ist das Werkzeug unserer Seele; kann man nun wohl ordentlich arbeiten, wenn das Instrument nichts taugt? Gott! wie schwer wird uns das Denken, wenn Schmerz in unsern Adern tobet! wie schlecht geht jedes andere Geschäft von Statten, wenn wir es mit zitternden Händen verrichten!

Eine Wollust hingegen ist uns das mühsamste Geschäft, wenn ein nervigter, kraftvoller Körper zu unsern Diensten steht!

In Krankheit, wie unnütz und lästig sind wir unsern Mitmenschen! Tausend Bemühungen, die wir gern zu Beförderung ihres Glücks übernähmen, müssen wir unterlassen. Unsere Verpflegung hält andere in ihrer Thätigkeit auf; und unser Aechzen verstimmt alle ihre Freuden.

Giebst du uns hingegen, guter Gott! Gesundheit, dann sind wir auch vermögend, für das Beste deiner Kinder auf mannichfaltige Art wirksam zu seyn, und durch unsere Heiterkeit Freude in jede Gesellschaft zu bringen.

Gemeine.

Mel. Wer nur den lieben Gott läßt walten
Gesunde Glieder, muntre Kräfte
Sind mehr als alle Schätze werth.
Wer taugt zu dem Berufsgeschäfte,
Wenn Krankheit seinen Leib beschwert?
Nächst Tugend ist das höchste Gut
Gesundheit und ein froher Muth!

Guter Gott! wie sehr werde ich nun gerühret, wenn ich sehe, daß du dieses unschätzbare Gut, Gesundheit, unserm Erziehungsinstitute so reichlich geschenket, und uns solche Grundsätze der Erziehung mitgetheilet hast, durch welche Krankheit aus unsern Zimmern fast gänzlich verdrängt, und Muntherkeit und Kraft in den Gliedern unserer lieben Zöglinge erhalten werden! O fahre fort, gütiger Vater! uns dieses theure Geschenk ferner zu gönnen. Erhalte unsere Grundsätze rein von den thörichten Vorurtheilen der Welt, die so viele Krankheiten erzeugen, die Hospitäler bevölkern und die Kirchhöfe mit jungen Leichen besäen! Schenke uns immer Zöglinge, die die Grundsätze befolgen, die wir ihnen mittheilen!

Aber, meine Lieben, die Hofnung dürfen wir uns nicht machen, als wenn wir, auch bey der pünktlichsten Sorge für unsere Gesundheit, dieselbe lebenslang ununterbrochen behalten würden. Vielleicht erbten wir den Saamen zur Krankheit von unsern Eltern, der schon keimet, und bald durch das Blut sich verbreiten und unsere Eingeweide zernagen wird. Vielleicht wurde, durch unweisliche Behandlung in der Kindheit, schon unser Körper zerrüttet. Gar leicht können wir, bey unsern eingeschränkten Einsichten, etwas, ohne unser Wissen, thun, das für unsere Gesundheit gefährliche Folgen hat. Und wie wollen wir vermögend seyn die tausenderley unvorhergesehene Unglücksfälle, denen unsere Gesundheit ausgesetzt ist, abzuwenden?

Darauf müssen wir uns also alle gefaßt machen, daß wir vielleicht über lang oder kurz das Krankenzimmer beziehen, und alle die Leiden empfinden, die mit einem siechen Körper verknüpft sind.

Wohl uns dann, wann unser Gewissen rein ist, und das Zeugniß giebt, daß unsere Schmerzen keine Folgen eigener Verschuldung sind. Dieß wird in unserer Krankheit unser Ruhekissen, unser Labsal, unser tröstender Freund seyn.

Dann Freunde! wann ihr das Krankenzimmer beziehet, nehmet noch einen Trost mit, den ich euch izo gebe, und der euch auch das betrübteste Schicksal erträglich machen wird. Jede Krankheit, jeder tobende Schmerz, jede Entnervung ist Verhängniß Gottes, des guten Vaters, der unsern Körper bildete, nährte, wachsen ließ. Jede Krankheit ist, in sofern sie von Gott gesendet wird, Wohltat. Vielleicht soll durch das Hinsterben des Körpers die Seele gerettet, und zum Nachdenken über sich selbst und ihre Bestimmung gebracht werden. Vielleicht soll das Krankenzimmer eine Freystatt seyn, wo wir, gegen die Verblendungen der Eitelkeit und die Versuchungen zur Sünde, Sicherheit finden. Vielleicht sollen wir auf dem Siechbette unsern Freunden, der Nachwelt, ein Exempel der Geduld und des Vertrauens auf Gott geben.

Hier sind wir, unerforschlicher aber allezeit gütiger Gott! Gern wollen wir zu deiner Ehre, zu unserm und zu unserer

Mitmenschen Besten, alles dulden, was du uns auflegest. Mehr wirst du uns doch nicht auflegen, als unsre schwachen Kräfte tragen können. Dein Trost wird doch sich in uns mehren, so wie unsre Leiden wachsen. Und ist dein Weg gleich dunkel, so wird doch das Ende desselben Licht seyn.

Gemeine.
Dein dunkler Pfad führt doch zum Licht:
Und wer dir traut, den läßt du nicht.

Noch einen Trost nehmet izo mit. Fasset ihn wohl, denn ihr wisset nicht, ob ihr ihn nicht bald nöthig habt; Unser Leib, ob er schon unter allem Sichtbaren am nächsten mit uns verbunden ist, ist doch nicht unser *Selbst*. Nur unsere Wohnung, nur unser Werkzeug, nur unser Kleid ist er. Es mag seyn, daß Gott unsere Wohnung zerstöret, wir fallen in seinen Arm, er wird in einem bessern Lande uns unsern Wohnsitz anweisen; er mag das Werkzeug vernichten, das Kleid in Staub werfen, durch welches wir hier Gutes wirkten, in einer schönern Gegend wird er uns einen Wirkungskreis anweisen, wo wir desselben nicht bedürfen.

Aus diesem Gesichtspunkt betrachtet: sollte Krankheit uns noch schrecklich seyn? Wahr ist es, sie ist der Weg zum Tode. Tod aber ist dem Christen nicht Tod: er ist der Anfang seines rechten Lebens.

Gemeine.
Mel. Ich hab meine Sach Gott heimgestellt
Heut sind wir froh, gesund und stark,
Und morgen faßt den Leib ein Sarg!
So trägt man Knecht und Fürsten hin
Aus Aug und Sinn:
Doch freut mich's, daß ich sterblich bin.
Die Erde füllt nicht meine Brust;

Sie sehnet sich nach höhrer Lust.
Mein Jesus sagt's, ich zweifle nicht:
Sein Angesicht
Soll ich einst schaun im ewgen Licht!

Liturge.
Gott gebe, daß ihr nie durch eigne Schuld
euren Leib verderben möget!

Gemeine.
Das gebe Gott!

Liturge.
Gott tröste euch in allen Krankheiten!

Gemeine.
Er tröste uns!

Liturge.
Gott stärke euch, daß ihr einst, mit christlicher
Freudigkeit, die Hülle eures Geistes ablegen möget!

Gemeine.
Er stärke uns! Er stärke uns! Er stärke uns!

Quelle 3: Pädagogische Vermittlung der Leibeswertschätzung

(Anm. des Herausgebers: Für das Verständnis einer pädagogischen Vermittlung der Leibeswertschätzung wird an dieser Stelle Kapitel 24 des Erziehungsromans dargestellt. Die übrigen Kapitel werden ausgelassen.)

**Heinrich Gottschalk in seiner Familie,
oder erster Religionsunterricht für Kinder von
10 bis 12 Jahren (1807)**

Vier und zwanzigster Abschnitt.

Bey dem Anfange der nächsten Lehrstunde, richtete Herr Gottschalk seine Rede vorzüglich an Heinrich, und sagte: du wünschest also wie es scheint, von mir eine Uhr zu erhalten. Gesetzt sie wäre so eingerichtet, daß sie nur die Stunden zeigte, könnte aber durch gute Abwartung so weit gebracht werden, daß sie erst Minuten, dann die Monatstage, endlich sogar, durch den Schlag eines Glöckchens, die Zeit anzeige, was müßtest du denn da mit der Uhr thun, wenn du dich für dieselbe gegen mich dankbar beweisen wolltest?

H. (Heinrich): Ist es denn möglich, daß man durch gute Abwartung eine Uhr soweit bringen kann?

G. (Herr Gottschalk): Dies will ich nun eben nicht fragen. Gesetzt aber es wäre möglich, was müßtest du denn da thun?

H.: Da müßte ich sie recht gut abwarten, damit sie immer vollkommner würde.

G.: Dieß wäre allerdings deine Schuldigkeit. Bey einer Uhr wird dies nun wohl nicht leicht möglich seyn. Wenn der Meister sie einmal so eingerichtet hat, daß sie nur die Stunden anzeigen soll: so wird sie, auch bey der besten Abwartung, nie so weit kommen, daß sie auch die Minuten und Monatstage anzeigte, oder gar zu einem Schlagwerk würde. Ganz anders ist es aber mit dem menschlichen Leibe. Dieser ist so vortrefflich eingerichtet, daß man ihr, durch vernünftige Behandlung, unglaublich weit bringen und ihm immer mehr Vollkommenheit verschaffen kann. Wie viel hat nicht schon der Leib eines jeden von euch gewonnen! In den ersten Monathen seines Lebens vermochte er noch nicht, sich von einer Stelle zur anderen zu bewegen. Man musste ihn forttragen, wie eine Pflanze, die in einem Blumenasche steht. Als er mehr Kräfte bekam, fing er an zu kriechen, in der Folge richtete er sich auf und lernte gehen. Hernach lernet er sogar laufen und springen. Vermutlich habt ihr in den letztern Jahren gelernt, noch mehr mit euern Leibern zu verrichten.

Jul. (Julie): Oh ja, ich kann schreiben, stricken, nähen.

H.: Ich kann auf dem Klavier spielen.

St. (Stephan): Körbe können wir auch flechten; und schwimmen.

G. Da sehet ihr also, daß der Leib, wenn man ihn gut zu behandeln weiß, immer vollkommner gemacht werden kann. Was müssen wir also wohl mit dem Leibe thun, wenn wir uns gegen Gott dafür dankbar beweisen wollen? Was meynst du Heinrich?

H.: Wir müssen ihn immer volkommner zu machen suchen.

G.: Allerdings. Dadurch beweisen wir am besten, daß wir dieses vorteffliche Geschenk Gottes hochschätzen. Ueberhaupt wissen wir, daß wir unsern Dank gegen Gott nicht besser, als dadurch beweisen können, daß wir seinen Willen thun; wenn wir aber Gottes Willen thun wollen: so haben wir dazu immer den Körper nöthig; wenn dieser nun schwach und ungeschickt ist: so werden wir in gar vielen Fällen das nicht thun können, was wir als Gottes willen erkannt haben. Wollt ihr nun wissen, was für Vollkommenheiten ihr, nach Gottes willen, eurem Leibe geben sollt, was müsstet ihr denn thun?

Jul.: Nachdenken

G.: Ganz recht. Ihr dürft weder vom alten Gottschalk, noch von sonst jemanden euch alles sagen lassen, was ihr mit dem Leibe zu thun habt; denn diese sind nicht immer bey euch, ihr habt selbst Vernunft – braucht sie nur, so wird sie euch immer sagen was ihr zu thun habt.

Unterdessen will ich euch doch eine kleine Anleitung geben, wie man über den Leib und seine Bestimmung nachdenken kann.

Der Fisch ist bestimmt im Wasser zu leben, und der Mensch?

St.: Auf der Erde.

G.: Allerdings. Weil er aber Füße hat, mit denen er sich bewegen kann: so ist er wohl nicht dazu bestimmt, daß er, wie eine Auster, immer auf einem Platze bleiben soll, sondern er soll sich von einem Orte zum andern bewegen. Er muß sich also oft in freier Luft aufhalten. In dieser freien Luft gehen nun beständig Veränderungen vor, bald regnet, bald friert, bald thauet es; bald brennt die Sonne, bald stürmt ein rauer Wind. Dieß können nun nicht alle Leute vetragen. Sobald sie sich einer rauhen Witterung aussetzen, werden sie krank. Diese sind übel dran: weil sie sehr oft, wegen Schwächlichkeiten des Leibes, unvermögend sind, Gottes Willen zu thun. Einem andern hingegen schadet keine Witterung. Wenn er es für seine Schuldigkeit hält, eine Reise zu machen, so macht er sie ohne sich an die Witterung zu lehren.

St.: O das kann mein Vater recht gut; der reist, es mag frieren oder regnen, oder stürmen. Ihm schadet nichts

G.: Da ist dein Vater viel werth. Wie hat er das angefangen, daß sein Leib so stark wurde?

St.: Er hat sich von Kindheit an abgehärtet.

G.: Wünschest du nun, daß dein Leib auch so stark werden möge, wie der Leib deines Vaters?

St.: Ey das versteht sich.

G.: Was mußt du nun also thun?

St.: Ich muß ihn abhärten.

G.: Dies ist also Gottes Wille. Weil dir deine Vernunft sagt, daß du dieß thun mußt: so kannst du sicher glauben, daß dieß Gottes Wille sey. Ihr müßt also, um euern Leib abzuhärten, oder, welches einerley ist, ihn zu stärken, euch täglich einige Zeit in freier Luft bewegen, und euch durch unfreundliche, unangenehme Witterung nicht davon abhalten lassen; ihr müßt eure Aeltern darum bitten, daß sie euch erlauben, bis weilen Fußreisen zu machen, ihr müßt euch gewöhnen auf Stroh unter einer leichten Bedeckung zu schlafen.

Hier erzählen die Kinder mit vielem Vergnügen, daß sie dieß alles schon gethan hätten. Ich weiß es, antwortete Herr

Gottschalk, nur dürft ihr nicht glauben, als wenn das, was ihr gethan habt, schon hinlänglich wäre – Nein ihr müßt diese Uebung, so lange ihr lebt, fortsetzen, sonst, wenn ihr anfangen wolltet, euch der freien Luft zu entziehen, so würdet ihr bald wieder schwächlich werden. Wenn du, Heinrich! z. E. eine Pflanze hättest, die einige Wochen im Freyen gestanden hätte, und du wolltest sie nun wieder einige Wochen in die Stube setzen, was würde daraus werden, wenn du sie wieder an die Luft brächtest?

H.: Sie würde verwelken.

G.: Dieß würde gewiss geschehen. So ist es gerade auch mit dem menschlichen Leibe; wenn dieser auch ist abgehärtet worden, und man setzte diese Stärkung nicht fort, entzieht ihn eine Zeit lang der stärkenden Luft: so wird er bald schwächlich, weichlich und kann eine unfreundliche Witterung nicht mehr vertragen.

Sehet, liebe Kinder! Auf diese Art lehrte mich Herr Federweiß, in meiner Jugend, meinen Leib stärken, und dieser Stärkung habe ich es zu danken, daß ich die Beschwerlichkeiten der Seereise und die drückenden Unannehmlichkeiten der Sclaverey, die manchem weichlich erzogenen, jungen Manne das Leben kosteten, aushalten konnte, und daß ich in der folgenden Zeit niemals durch Schwächlichkeit in meinen Geschäften gehindert wurde.

Johann Christoph Friedrich GutsMuths

Quelle 4: Pädagogisch-theologische Verortung der Leibesübungen

(Anm. des Herausgebers: Für das Verständnis einer pädagogischen-theologischen Verortung der Leibesübungen wird an dieser Stelle Kapitel 1–3 dargestellt. Die übrigen Kapitel werden ausgelassen.)

Katechismus der Turnkunst –
Ein Leitfaden für Lehrer und Schüler (1818)
Kurzer Abriß der deutschen Gymnastik –
Ein Leitfaden für Lehrer und Schüler (1818)

Erstes Hauptstück. –
Von dem Bildungswesen des Menschen.

I) Du brachtest ins Leben Leben nichts mit als Anlagen. Aber in diesem liegt ein unübersehbarer Reichthum, ein Schatz auf dessen möglichst vollständiger Hebung alles ankommt. So steht die Welt dir offen als Herrn oder Knecht, zur Ehr oder Schmach, zum Krank- oder Gesund-Seyn, zum heitern Sonnen- oder Höllen-Leben, kurz zur Stärke oder Schwäche. Wählen sollst du:

II) Jene Anlagen soviel als möglich zu vernünftigem Lebenszwecke zu entwickeln und zu rüstigen Kräften zu bilden, das eben ist die Hebung des Schatzes.

III) Und wodurch wird diese Entwicklung bewirkt? – Nur durch Uebung lerntest du sehen, hören, gehen, greifen, Sprache und Sprechen, nur durch Uebung wächst Gedächtniß und Verstand; nur durch Uebung ist die Entwicklung möglich.

IV) Aber des Menschen Wesen ist doppelter Natur, ein geistiges und leibliches, und darum sind seine

Anlagen auch doppelter Art geistige und leibliche. So kann die Frage entstehen: welche sollten ausgebildet werden?

V)   Die wörtliche Antwort lautet richtig: Beiderley. – Keiner wird sich herausnehmen, zu sagen: nur die geistigen. Aber die Antwort, wie sie das Leben gibt in Stadt und Lande durch That, lautet ganz anders, so: Vor allen die geistigen. Dem Leibe geben wir Essen, Trinken, Kleider, Schuhe, Schutz gegen Wind und Wetter, frische Luft, wenn sich's schicken will, Arzney wenn es nötig; auch richten wir ihn zu einem bestimmten Geschäfte, zur Arbeit ab. So hat er allen Stoff seine Anlagen zu entwickeln, und dieser wird bewirken was nöthig.

VI) Allein Erhaltung des Leibes, Großfütterung und Schutz desselben sind nicht Erziehung, nicht Entwicklung; der Leib ist nicht bloß Wohnung des Geistes, die man gleichsam nur in Bau und Besserung zu erhalten; – nein, er ist Lehrer und Diener des Geistes, der als solcher nicht bloß erhalten, sondern auch geübt werden muß, um ein guter Lehrer und ein geschickter Diener zu werden.

VII) Gott gab ihm Sinnwerkzeuge, einen kunstvollen Bau von Knochen, Gelenken und Hunderten von Muskeln. Durch jene soll der Geist die Welt erkennen, diese soll er als Herr beherrschen und gebrauchen können. Wird er das durch Nahrung und Erhaltung lernen?

VIII) Den Gebrauch seines kunstvollen Leibes, die Herrschaft über die Bewegung seiner Glieder und zahlreichen Muskeln hat noch nie ein Mensch durch Essen und Trinken, durch Schutz und Arzney erlernt, sondern allein nur durch Uebung; ohne diese würde er weder hören noch sehen, weder stehen noch gehen gelernt haben.

IX) Aber das Leben in Stadt und Lande gibt Mühen und Arbeit und Uebung; wird es nicht den Menschen machen zum Herrn des Leibes, seiner Glieder und Muskeln?

X) Gewiß! aber nur dieser und jener wie der Zufall es fügt. Diesem gibt es gewaltige Macht des Arms und der Faust auf schwachen Schenkeln; jenem Stoß- und Hebkraft auf bleiernen Füßen, jenem seine Gewandtheit der Hand bey kraftlosem Leibe; kurz, diesem übt es drey Finger, jenem die rechte Hand, jenem beyde; hier den rechten Arm, dort beyde; diesem den fluchtigern Schenkel und Fuß, bey matter Armkraft, vielen nichts als – Sitzfleisch in Menge. Wenige – sehr wenige zieht es zu ganzen Menschen empor durch Zufall, die andern bleiben bald mehr bald weniger Bruchstücke eines allseitig ausgebildeten Menschen.

XI) So ist der Zufall, wie das Leben ihn walten läßt, ein sehr blinder Wirthschafter im menschlichen Bildungswesen. Dagegen bringt die Vernunft auf gleichmäßige Ausbildung aller Haupttheile des Leibes, die der Uebung unterworfen werden können; denn der Mensch soll Herr seyn des Ganzen, nicht bloß dieses und jenes Gliedes. Er ist hier unten an Himmel und Erde, an die Körperwelt gefesselt. Es ist unmöglich sich ihren, oft sehr drohenden, Eindrücken zu entziehen. Auf tausend Arten erscheint sie ihm als Gegner, dessen Waffe Flamme und Sturm, Welle und Schwerkraft, ja selbst die Lebenskraft der Thier und Menschenwelt. Gänzlich dem allen entfliehen kann er nicht, aber nicht selten solcherley Gefahren ausweichen durch Machheit der Sinne und allgemeine Gewandtheit, oder widerstehen durch Dauer und Kraft des Leibes; aber nicht durch Stärke eines einzelnen Gliedes.

XII) Darum ist es nützlich und nöthig, den bloßen Zufall aus dem Tempel der Erziehung zu jagen, Geist und

Leib gleichmäßig durch Uebung zu veredeln, beyder Kräfte gleichmäßig fort zu bilden, um geistig und leiblich stark und gewandt zu werden.

Zweytes Hauptstück – Von dem Wesen der Turnkunst

I)   Die Gymnastik, in vaterländischer Beziehung auch Turnkunst genannt, stellt eine Reihe von Uebungen des Leibes auf, die darauf berechnet sind, alle Hauptglieder und Muskeln des Leibes, welche der Uebung unterworfen werden können, gleich- und ebenmäßig in Thätigkeit zu setzen.

II) Ihr Zweck ist dabei im Allgemeinen:

Erhaltung des Gleichgewichts zwischen Geist und Leibe

Denn ein hochgebildeter und starker Geist in schwachen und schwächlichen Leibe ist Bruchstück; und ein starker Leib mit schwachen Geiste ist Bruchstück.

III) Im einzelnen ist Ihr Zweck:
   a) Gesundheit des Leibes, lebendige Strebkraft und Munterkeit.
   b) Männliche Derbheit, errungen auf dem Wege vernünftiger Abhärtung, zum Widerhalt gegen die rauhen Eindrücke der Körperwelt.
   c) Allseitige und gleichmäßige Gliederkraft und Stärke. (*Zur Ueberwindung eintretender Schwierigkeiten und Gefahren*)
   d) Gewandtheit und Schnellkraft des Leibes und seiner Glieder. (*Zur Ueberwindung eintretender Schwierigkeiten und Gefahren*)
   e) Machheit der Sinne, Munterkeit und Geübtheit im sinnlichen Wahrnehmen. – 1) Zur schnellen

Erfassung sinnlicher Eindrücke, zur schnellen Erkennung und Voraussicht der Gefahr, ihrer Beurtheilung, und leichtern Meidung oder Ueberwindung. – 2) Zur Erwerbung des innern Gefühls, Erkennens und Ermessens der inwohnenden Kraft und Gewandtheit des eigenen Leibes.

f) Begründung und Aufrechterhaltung des natürlichen männlichen Muthes, der sich, seit die Welt steht, nicht auf Schwache und Unbeholfene gründet.

IV) So ist das Turnwesen Sache der allgemeinen Menschenbildung, in sofern es rein menschliche Pflicht ist, nach allseitiger Bildung zu streben. Es drängt und treibt sich von selbst in das Leben, in die Hütte des Menschen, in sofern es ihm rüstige Hülfe verheißet, wenn Noth und Gefahr auf Leben eindringt; ja es tritt ein auch für die größte Noth, für die allgemeine des Vaterlandes, in der Millionen wie eingeschachtelt liegen, es tritt ehelfend ein gegen die Noth der Unterdrückung von Aussen, gegen Noth, in der die Selbstständigkeit eines ganzen Volkes gerathen kann.

Drittes Hauptstück – Die zehn Gebote der Leibeszucht.

Das erste Gebot.

Du sollst deines Leibes vernünftiger Aufseher, Herr und Meister seyn, ihn zu rüstiger Mannhaftigkeit ausbilden, geschickt und gehorsam machen zu allem Guten, damit du ein ganzer Mann werdest für dich die Deinigen und das Bürgerthum, in dem du lebest.

Was ist das?

Du sollst Gott fürchten und lieben, der dir deinen Leib als Diener mitgegeben, daß du ihn nicht vernachläßigest und verderbest, sondern ihn geschickt, tüchtig und willig machest zu
jedem ehrlichen Dienst, wozu er bestimmt ist, damit du ein
allseitig hülfreicher Mann werdest für dich, die Deinigen und
dein Vaterland.

Das zweyte Gebot.

Darum sollst du neben rechtschaffender Uebung des Geistes, deines Leibes nicht vergessen, seine Gliederkräfte fleißig
üben, damit du auch körperlich stark, gewandt und dauerhaft
werdest zu eigenem, zu der Deinigen und zu des Vaterlandes
Schutz und Gedeihen.

Was ist das?

Der körperlich Schwache und Ungebildete, der sich nur geistig
ausgebildet hat, ist aus dem nöthigen Gleichgewichte zwischen
Geist und Leibe hinaus gefallen, darum wohnt in ihm wohl das
Wort, der Trost, die Aufmunterung; aber nicht die leibliche
Thatkraft, nicht das Mitgehen, nicht hülfe gegen Noth. Da gegen hat der geistig und leiblich Starke und Gewandte im Geist
den Willen und Muth, im raschen Körper die That zu Hülf und
Schutz für sich und andere; darum sollst du beyderley recht-
schaffen auszubilden streben.

Das dritte Gebot.

Streng sollst du meiden, was den Leib schwächt, abmattet, seine
Kraftentwicklung hemmet und dir den männlichen Sinn aus-
zieht; dagegen sollst du ihn halten in gehöriger Zucht, damit
du lange lebest in Gesundheit und Ehren.

Was ist das?

Du sollst dich nicht ergeben der Weichlichkeit und Faulheit, der Genußgier und Völlerey irgend einer Art, nicht der

Kleiderthorheit. Ein gutes Schwert in die Glut gesteckt, wird wie Bley; ein starker Leib in die Weichlichkeit, wie Brey. Das Leben hinterm Ofen, die Scheu gegen Wetter und Beschwerde ziemen nicht der frischen Jugend. Die Faulheit ist der Rost am Schwerte, bald ist die Schärfe dahon; Genußgier und Völlerey sind wie ein Gemach mit Stickluft gefüllt; hienein kömmt man leicht, nimmer hinaus; die Kleiderthorheit gefährdet die Gesundheit. Dagegen verbürgen Derbheit im Ertragen die Dauer, Thätigkeit die Heiterkeit und Kraft, Nüchternheit die Selbstherrschaft und dadurch als Wohlseyn des Menschen.

Das vierte Gebot.

Du sollst, Gottvertrauend, in der errungenen Leibeskraft, Dauer und Gewandtheit Muth haben, auf das du der Noth, Gefahr und deinem Manne stehest für dich, die Deinigen und dein Vaterland.

Was ist das?

Auf Gott kannst du vertrauen, wenn du rein und gerecht bist, und auf ihn und deines Leibes kräftige Gewandtheit Muth haben; denn beyde sind überall, wo du bist und wo fremde Hülfe fehlt. Keine von diesen Stützen soll dir fehlen, dann nur kannst du ganzen Muth haben.

Das fünfte Gebot.

Du stellst aber dein Muth- und Kraftgefühl unter Zucht deines Geistes in Demuth halten, dich der Kraft nicht überheben, damit eiteln, stolzieren, faseln und muthwillig an den Mann gehen.

Was ist das?

Du sollst bey den Leibesübungen nur den Zweck der Leibesvollkommenheit im Auge haben und nicht den Fremden, dich mit dem Erworbenen zur Schau zu stellen und zu gaukeln, auf das nicht Jemand komme und dir Geld biete, wie den Gauklern, und damit das Uebungswesen nicht in Unehre verfalle. Was du zur Schau thust, geschehe höchstens nur für deinen Nebenmann zur Belehrung und Ermunterung. Muthwillig aber mit seiner Leibeskraft jemanden zu nahe treten, heißt Gefallen haben an der unvernünftigen Stärke des Rosses.

Das sechste Gebot.

Sondern du sollst Schild seyn und Schirm, Arm und Waffe den Deinigen, dem Schwachen, dem verunglückenden Bruder, dem Wohnsitze und Vaterlande, ja selbst dem wehrlosen Feinde.

Was ist das?

Kraft und Muth sollst du gebrauchen zur Hülfe des Bedrängten und Schwachen. Worttrost nicht nur sollst du bringen, der aus theilnehmenden Herzen eine edle christliche Gabe, sondern auch Thattrost, wie ein tapferer Schwimmer, welcher dem Verunglückenden nicht bloß zuruft, sondern zugleich im Arme aufs Trockne bringt. Glücklicher! der du das vermagst. Hierzu dich auszurüsten mit Kraft und Gewandtheit möge dein Gemüth durch Uebung dir wachsen als edelem Deutschen.

Das siebente Gebot.

Du sollst die edle Sinnenkraft, welche dir zwischen Geist und Leib als Mittler gepflanzt worden und die der Führer und Leiter der Leibeskraft ist, sorgfältig erhalten und durch Uebung schärfen.

Was ist das?

Du sollst meiden, was den Sinnwerkzeugen schadet, als Unmäßigkeit, Augenverblendung, Augengläser zur elenden Mode, Ohrberäubung u. s. w. Denn mit den Sinnen sinkt der Tag des Lebens in Dämmerung; durch sie aber erkennst du die Welt, deine Umgebung, ihre Gefahren; durch sie fühlst und missest du deine Kraft dagegen, dein Muth fasset darauf Anker. So sollst du in den Leibesübungen auch Sinnenkraft üben.

Das achte Gebot.

Du sollst deinen Leib bilden und üben gleichmäßig; nicht oben oder unten, nicht rechts und links allein: auf daß du nicht halb schwach und halb stark seyest.

Was ist das?

Du sollst dich ganz und allseitig üben, damit du nicht Blößen habest wie der Armstarke mit schwachen oder bleiernen Füßen. Daher sollst du nicht die eine oder andere Leibesübung vorziehen und gar allein treiben, sondern dich aller gleichmäßig befleißigen; denn die Stärke und Gewandtheit des Ganzen kann nicht in diesem oder jenen Gliede allein wohnen.

Das neunte Gebot.

Du sollst Maß halten in der Arbeit des Leibes und seiner Uebungen, damit er gesund bleibe und ferner tüchtig zum Fortschritt in Kraft und Gewandtheit.

Was ist das?

Die alte Lehre des Maßhaltens gilt in Allem. Du sollst deines Leibes Kraft nie überspannen und dich zur Abmattung und lähmender Abspannung bringen. Ebendarum sollst du die Uebungen zur rechten Zeit wechseln, damit frische Glieder und Muskeln ins Spiel kommen, und die gebrauchten ruhen.

Das zehnte Gebot.

Du sollst die Erziehung des Leibes nicht treiben auf Kosten der Bildung des Geistes und deiner Pflicht, damit du nicht leibesstark und geistesschwach seyst, wie einer, der nur Gefallen hat an der unvernünftigen Stärke des Rosses.

Was ist das?

Du sollst nicht vergessen, daß der Geist der eigentliche Mensch ist, daß seine Entwicklung über der leiblichen steht. Darum sollst du der geistigen Ausbildung nicht die Zeit stehlen für die leibliche, sondern in dieser thun was Recht ist und die Zeit weislich gebrauchen und eintheilen auch kein Geschäft darob versäumen.

Quelle 5: Systematische Leibeserziehung

(Anm. des Herausgebers: Um die Entwicklung von einer pädagogisch-theologisch entstandenen Leibeswertschätzung zu einer systematischen Leibeserziehung bei GutsMuths nachvollziehen zu können, sind an dieser Stelle Vorwort und Kapitel 1–3 der Einleitung abgebildet. Die übrigen Kapitel werden ausgelassen.)

Gymnastik für die Jugend. Ein Beytrag zur nötigen Verbesserung der körperlichen Erziehung (1804)

AN DIE LESER.

Die Hauptabsicht der Erziehung ist schon seit Jahrhunderten, daß eine gesunde Seele in einem starken gesunden Körper sey. Wie mag es aber kommen, daß wir auf die Ausbildung des letztern so wenig denken, ungeachtet wir mit unwidersprechlicher Gewißheit wissen, daß den Schwachen und Kränklichen, den Weichling und Verzärtelten nichts, gar nichts, weder Geld noch Ordensband, weder Gelehrsamkeit noch Tugend vor den traurigen Folgen schützen, die aus seinem Zustande für ihn entstehen? –

Dein Sohn erbe von dir nichts, bilde im schlimmen Falle sogar seinen Geist nur spärlich, aber verschaffe ihm einen gesunden, starken und behenden Körper: er wird dich einst segnen, wenn er, sey es auch am Pfluge oder Ambose, die Kraft seines Armes fühlt, und vom lustigen Gefühle der Gesundheit durchdrungen wird. Bilde dagegen seinen Geist bis zur höchsten Staffel, aber vernachlässige seinen Körper: und er, ein verzärteltes, leidendes Geschöpf, wird sich einst – und wenn du ihm ein Königthum hinterließest – beym Lichte seiner Kenntnisse, beym Schimmer des Ordensbandes und selbst im Glanze des Thrones deiner Erziehung mit schmerzlichem Gefühle erinnern, wenn er das Zucken der Kraftlosigkeit in seinen Nerven und die Schauer des Grabes täglich im Innern empfindet. Die tiefste

Gelehrsamkeit und die feinste Verfeinerung verhalten sich gegen Gesundheit und Körpervollkommenheit wie Luxus gegen – Bedürfniß. Wie verkehrt handelt da unsere Erziehung, wenn sie mit großer Kunst auf Luxus losarbeitet und darüber nur gar zu häufig des großen Bedürfnisses vergißt! – Wenn ich sage, diese verkehrte Erziehung sey das Produkt der Convenienz und einer halbverdaueten oder gar an sich falschen medicinischen Theorie, so werden viele dieß übel deuten. Aber woher mag es kommen, daß in vielen tausend Häusern, wo die Behandlung der Kinder an überspannte Sorgsamkeit, an Verwahrung, an Vermeidung des Schädlichen, an Arzney und Gesundheitstheorien gebunden ist, daß in solchen Häusern die Kleinen so häufig bleich, kränklich, schwächlich, kraftlos und ungewandt sind, indeß unter einem Haufen von 30 bis 60 Kindern, unter denen ich fast 20 Jahr lebte, die Gesundheit zur Tagesordnung gehört, auf allen Wangen lacht, die Kraft aus allen Gliedern strebt, zufällige Unpäßlichkeiten leicht verschwanden und der Tod auch nicht eine einzige Blume pflückte?

Die obigen Aeußerungen verrathen meine Absicht bey diesem Buche deutlich genug. Keine pädagogische Revolution. Ich halte es nicht mit den sanguinischen Wünschern, die mit drey Fingern und drey Federzügen der Menschenwelt im Umsehen ein neues Gepräge geben zu können meynen, wie man durch einen Fingerstoß der Metallscheibe unter dem Stempel zum neuen Gepräge verhilft. Immer glich die Menschheit einem Acker, den die Vorsehung mit kultivirendem Pfluge durchfurchte und immer von neuem durchfurchte, bis er endlich willig ward, den Samen des Nützlichen und Guten aufzunehmen. Generation folgt auf Generation, wie Ackerung auf Ackerung; den Samen des Nützlichen, den frühere verschmähen, werden die spätern aufnehmen. Daß meine Zeitgenossen durch die Lesung dieses Buchs bewogen, den Spielen der Ruhe und Bequemlichkeit entsagen, der gewaltigen Gewohnheit den Gehorsam aufkündigen, sich der schmeichelnden Hand der Verfeinerung

entreißen, den natürlichen Bedingungen der Gesundheit, physischen Kraft und Gewandtheit hingeben werden, das konnte
mir nie einfallen. E r i n n e r u n g an ein altes physisches Stärkungsmittel, das allen Nationen, selbst den hochkultivirten
Griechen einst so nützlich war; E i n s i c h t in die Sache und
weise V e r f l e c h t u n g jenes Mittels in die ohne allen Zweifel
zu schlaffe weichliche Erziehung; das nur ist meine Absicht.
Daß denkende Väter sie begünstigen werden, ist gewiß. Schon
ist von tausend Familien gymnastische Bildung in die Priva-
terziehung aufgenommen; schon keimt auf einer deutschen
Universität eine gymnastische Anstalt hervor, und eine andere durchsinnet die Errichtung einer solchen. Schulen erhalten
hier und da Spielplätze, die edle Gräfinn Harrach verpflanzte
die Leibesübungen zuerst in die Landschule zu Kunnewald in
Mähren; mehrere Anstalten, z. B. das Christianspflegehaus zu
Eckernförde, eine Militär-Schule in Baden und andere nehmen gymnastische Spiele in ihren Plan auf; Badeanstalten
und Schwimmschulen entstehn in mehreren Städten und bey
vielen Schulen; bey allen Böhmischen Landschulen macht die
Regierung das wöchentliche Baden gesetzlich, und in einzelnen Städten z. B. Zürich, Lübeck werden Anstalten zu Leibesübungen getroffen. Mit Uebergehung alles Uebrigen weise ich
nur noch ganz vorzüglich auf Dänemark hin. Nicht bloß die
dortige Land- und See-Kadettenakademien sondern überhaupt
11 öffentliche und 4 Privatanstalten haben die Leibesübungen
aufgenommen; selbst im Schullehrerseminar werden Anstalten getroffen, diesen Theil der physischen Bildung bis in die
Landschulen zu verbreiten. Am 5ten November 1799 eröffnete Herr Nachtegall in Kopenhagen unter Unterstützung und
Begünstigung der weisen Dänischen Regierung ein öffentliches gymnastisches Institut mit 5 Zöglingen, die jetzt bis zu
30 gestiegen sind. Unter seiner Direktion arbeiten 8 Gehülfen.
Die Söhne der vornehmsten Familien, selbst ein Prinz von Au-
gustenburg, besuchen diese Anstalt. So ist die weise Dänische

Regierung, die es einsieht, weich ein unermeßlicher Schatz ein aufgeklärtes und zugleich physisch gesundes und gewandtes Volk sey, die erste gewesen, welche einen vernachlässigten Theil der Körpererziehung in seine Rechte einsetzte und Kopenhagen die erste Stadt in Europa, welche Gymnastik öffentlich in ihren Schoß aufnahm. Dort lernten im vergangenen Sommer 300 junge Menschen das Schwimmen, ohne die zu rechnen, welche es anfingen. Hoch in Norwegen zu Drontheim wurden auf Schwimmübungen öffentliche Prämien ausgesetzt.

Die erste Ausgabe meiner Schrift hat das Deutsche und auswärtige Publikum mit einer Güte und Nachsicht aufgenommen, die sie wohl nur dadurch verdiente, weil sie einen Gegenstand, der durch Alterthum in Vergessenheit gerathen war, zuerst wieder praktisch pädagogisch aufzustellen strebte. Man hat sie fast überall bey gymnastischen Uebungen zum Grunde gelegt, und sie wurde ins Dänische, Englische und ins Französische Uebersetzt[1].

Diese so nachsichtsvolle Aufnahme machte es mir zur Pflicht, der zweyten Ausgabe so viel Vollkommenheit vor der ersten

---

1   Da ich weder die Dänische noch Englische Uebersetzung besitze, so kann ich die Titel nicht anführen. Die Letzte erschien bey Johnson unter S a l z m a n n s Namen. Wenigstens ist das so schlimm noch nicht, als wenn der S e e b e r g, auf dem neben Gotha die Herzogliche Sternwarte steht, unter dem Titel H e r r S e e b e r g Landkarten macht. Die Französische Uebersetzung erschien 1803 unter dem Titel: La Gymnastique de la jeunesse ou traite elementaire des jeux d'Exercice consideres sous le rapport de leur utilite physique et morale. Par M. A. Amar Durivier et L. F. Jauffret. A. Paris chez A. G. Debray. An XL Als ich das Buch erhielt und den Titel las, freuete ich mich, daß auch Franzosen den Gegenstand bearbeitet hatten und verehrte die Männer, die nach dem Avis du Libraire editeur ein exemple de modestie et de desinteresse-ment gaben, indem sie gleichzeitig arbeitend und in Collision gerathen, die Früchte ihrer großen Anstrengung friedlich in Einen Korb zusammen legten. Ich lüftete den Deckel und fand fast nichts als ein Plagium vom Anfange bis Ende aus meiner Gymnastik und den Spielen für die Jugend. Es dauert mich, daß ich dieses schöne Exemple de modestie hier in ein Licht stellen muß, wo es aussieht wie ein Exemple d'impudence.

zu geben, als es mir nur immer möglich war. Dieses Bestreben kann man unmöglich verkennen.

Es ist wenig von dem geblieben, was die alte Ausgabe enthält. Alles fremdartige ist weggestrichen und die ganze Anlage des Buchs ist neu. Die einleitenden Abschnitte I, II, III, VI sind ganz, die übrigen IV, V, VII, VIII, IX sind fast durchaus neu. Alle folgenden, welche die Uebungen darstellen, sind nach fortgesetzten zehnjährigen Erfahrungen und genauen Bemerkungen völlig umgewandelt, stark vermehrt, durchweg methodischer und systematischer eingerichtet, auf feste Regeln gebracht, weit mannichfaltiger modificiert, in eine Menge einzelner Aufgaben zerlegt, die vom Leichtern zum Schwerern aufsteigen und durch wirkliche Fakta bestätigt. Auch hier sind die Abschnitte XIII, XVII und XIX völlig, und alle übrigen dem größten Theile nach neu. Die vierte Hauptübung des XVten Abschnitts ist neu erfunden, so wie mehrere einzelne Aufgaben anderer Uebungen. Obgleich diese zweite Ausgabe nur 34 die alte 44 Bogen stark ist, so enthalten jene 34 dennoch fast 80 Bogen des alten Druckes und Formats.

Diese kurze Rechenschaft glaubte ich dem Publikum und mir schuldig zu seyn. Nicht wurzeln, wo wir stehn, nein weiterschreiten! – Ibenhayn bey Schnepfenthal,

April 8, 1804.   d. Verfasser

Erster Abschnitt.

BEGRIFF UND ZWECK DER GYMNASTIK.

Gymnastica in corpore sano bonum habitum generare conatur.
                              Mercurialis.

So lange die Natur den Menschen an den Fesseln des Instinkts und der physischen Bedürfnisse führte, war er stets in der strengen Schule der Körperübung; und ohne es selbst zu wissen oder berechnet zu haben, fiel der Zweck, jene zu befriedigen, zusammen mit d e m : seinen Körper zu üben, zu vervollkommnen. Dieß ist die wahre n a t ü r l i c h e Gymnastik.

Als sie ihn aber in das Gebiet der Cultur hinüber führte, und er hier tausend Hebel erfand, seine Bedürfnisse auf eine bequemere Art zu stillen: da ergab er sich der Convenienz, der Bequemlichkeit, dem feinen Tone und oft sogar der fanatischen Ueberspannung. Diese Untergötter verweichlichten, verfeinerten, tyrannisirten ihn; da galt ihm sein physischer Theil nicht mehr, als der Schnecke das kleine Gebäude, welches sie auf dem Rücken trägt. Der Körper war nur ein Wohnhaus; und man wohnte darin wie ein schlechter Wirth, der es zerfallen läßt. Auf diese Art gelang die Tödtung des Fleisches im physischen Sinne, die man häufig so vergeblich im geistigen gepredigt, vortrefflich; der Mensch vergaß den z w e y t e n Hauptzweck seiner sonstigen Leibesübungen. Die Folgen dieses Zustandes wurden drückend. Da setzten einige weise Völker des Alterthums absichtlich körperliche Uebungen an die Stelle der vormaligen natürlichen Gymnastik, um jene Folgen zu vermindern und dem Körper des Bürgers mehr Stärke und Gewandheit zu ertheilen. Das war wohl die Veranlassung der k ü n s t l i c h e n Gymnastik. Man formte sie bald zu besondern Absichten; zur Bildung des Soldaten, die k r i e g e r i s c h e ; zum festlichen Schauspiel, die a t h l e t i s c h e ; zur Heilung körperlicher Uebel, die m e d i c i n i s c h e ; aber die echte blieb für Jung und Alt einzig die P ä d a g o g i s c h e .

Als Nachahmerin der Natur eröffnete sie statt jener Schule der Anstrengung, in welche die Noth mit eiserner Strenge den rohen Erdbürger hinein trieb, wohlmeinend einen Uebungsplatz für den gesitteten Staatsbürger, und suchte da im Guten und mit Freundlichkeit zu thun, was sonst die Natur mit Gewalt that. Nur von dieser Gymnastik handelt mein Buch. Nur mit Verachtung kann es der Athletik erwähnen, die einige

Verworfene gleich unsern Luftspringern zum einzigen Zwecke des Lebens machten.

Gymnastik ist Arbeit im Gewande jugendlicher Freude. Arbeit, weil ihr Zweck keineswegs in unedlem Zeitvertreibe zu suchen, sondern in Veredlung des Körpers zu setzen ist. Sie soll erscheinen im Gewande jugendlicher Freude, weil diese so recht das heitere Clima ist, in welchem die Jugend am besten gedeihet. Freude ist ja gleichsam die Lockspeise, durch welche menschliche Wesen in die große schwierige Einrichtung des Menschenlebens hineingelockt, daran gewöhnt, daran gefesselt werden, wie man das Kind durch süße Gaben an die Schulbank heftet; so fest gefesselt werden, daß im Ganzen nur wenige Verworrene die Bande willkührlich zersprengen mögen. Wehe dem, welcher der Jugend dieß köstliche Gericht vergället, und dadurch selbst für die Zukunft den Trost süßer Erinnerung zerknickt.

Wollen wir den Gegenstand ohne alle Einmischung ästhetischen Sinnes auffassen, so ist die Gymnastik ein System von Uebungen des Körpers, welches die Vervollkommnung des letztern zum Zweck hat. Zwar übt jede Handarbeit den Körper, aber Gymnastik ist sie darum noch nicht, denn ihr Zweck ist Hervorbringung irgend eines Objectes, das außer dem Uebenden liegt; der Zweck der Gymnastik dagegen geht auf den Uebenden selbst zurück.

Indeß ist es gar nicht zu leugnen, und ich am wenigsten bin dazu geneigt, daß wohlabgewogene Handarbeiten den jugendlichen Körper im hohen Grade vervollkommnen können. Insofern man sie aber diesem Zwecke unterwirft, werden sie selbst Theile der eigentlichen Gymnastik.

Wer es darauf anlegt, den jugendlichen Körper zu vervollkommnen, der wird sich bemühen müssen, mit dem beabsichtigten Zweck einen deutlichen Begriff zu verbinden; er wird sich selbst fragen müssen: was ist Vollkommenheit des Körpers? Dann geht er zur Schöpfung eines Ideals über, das er

durch seine Bemühungen in den gegebenen Subjecten praktisch zu erreichen strebt. Hier sind die Züge meines Ideals.

1. D a u e r , das ist wohlgegründete Lebenskraft und Gesundheit.

2. K r a f t , a. I n t e n s i v e , im Abhalten widriger Eindrücke
der physischen Welt, des Clima, der Witterung; kurz physische
Stärke, die mit Abgehärtetheit im rechten Sinne gleich ist.

b. E x t e n s i v e , das ist die eigentliche körperliche Stärke, in
sofern sie auf die Außenwelt wirksam ist.

c. S i n n e n k r a f t , insofern sie durch Uebung entsteht, folglich Geübtheit der Sinne.

3. G e w a n d t h e i t , das ist die durch Uebung errungene Fertigkeit, sich den gewaltsamen mechanischen Wirkungen der
physischen Welt durch geschickte Lenkung und Führung des
Körpers und seiner Glieder zu entziehen.

4. S c h ö n h e i t . Zwar steht die Grundlage schöner Gesichtszüge nicht in unserer Gewalt, doch ist es nicht zu leugnen,
daß die Erziehung überhaupt und die physische besonders
sehr stark auf die Bildung des Angesichts einwirken könne.
Scheint dieß wohl manchem eine eitle Behauptung? Wohlan,
hier ist ein Knabe! Supponirt eine doppelte Erziehungsart. Er
wachse mehrentheils auf eingeschlossen im Gemach, verzär-
telt, der Witterung meist entzogen, ohne rasche Bewegung,
viel gekrümmt über dem Buche; oder als Lehrling im dumpfen
Zimmer des sitzenden Arbeiters: ein bleiches Angesicht, eine
Erschlaffung der Gesichtsmuskeln, ein Ausdruck von Kraftlosigkeit; keiner des Muths, ein Auge ohne Feuer und Leben! –
Oeffnet das Zimmer; gebt ihm viel freye Luft, viel Bewegung
im Freyen; weihet ihn früh dem Gewerbe des raschen Kriegers
und beobachtet sein Angesicht, wann er an der Stufe des Man-
nesalters steht: es wird die Art der Erziehung deutlich aussprechen. – Aber ich rede hier auch von der Schönheit des Körpers,
in sofern sie die Folge ist der Gesundheit, und der durch richtig
abgemessene Bewegung stets aufrecht erhaltenen Circulation

der Säfte; vom Ebenmaß in allen Theilen; von schöner Stellung; vom Ausdrucke der Kraft; vom Gefühl der Gesundheit. So ist denn die Gymnastik ein System von Uebungen, die auf Dauer und Kraft, auf Gewandtheit und Schönheit des Körpers abgezweckt sind. – Herrliche Eigenschaften! – Wer erstiege an der Hand der Gesundheit nicht gern die obern Stufen des höhern Alters, um von da herab das Beginnen der mehrfach erneuerten Generationen zu sehen? Möchten wir doch sogern selbst aus den Gefilden jenseits in die diesseitigen herüberschauen, weil das Interesse am irdischen Daseyn in unserer Brust eben so wenig stirbt, als das süße Bild der Kindheit in der Phantasie des Greises erlischt. Wer, wäre er auch so gelehrt als alle Gelehrte, fände sich nicht beglückt im Gefühle körperlicher Kraft und Gewandtheit? Wer schätzte wohl nicht den überall so vorlaut sprechenden Empfehlungsbrief der Schönheit? Wozu demnach die Frage, ob Gymnastik nothwendig in den Plan der Erziehung aufgenommen werden müsse? Beantwortet sie sich nicht ganz von selbst, da die Gymnastik zu einem Etwas führt, das ein jeder so gern hat? – Freund, sie hat mit der Tugend das gemein, daß alle wohl das innere selige Tugendgefühl sich wünschen, und dennoch sie nicht ernstlich in den Plan ihres Lebens aufnehmen.

Ueberdem giebt es eine alte und eine neue Pädagogik. J e n e erblickte das Licht der Welt in den Cellen der Mönche. Und sie bliesen ihr in die enge beklommene Brust ein mönchisches Leben; fast allein nur genährt durch den Buchstaben. Sie ist noch immer nicht ganz abgestorben, sie hängt noch immer so gern an ihrer alten Nahrung und gewöhnt sich nur schwer an eine neue. D i e s e entstand mitten im Weltleben. Die hellere Menschenkunde und der Zeitgeist bliesen ihr einen lebendigen Odem ein, j e n e die Kraft des Gesetzes, d i e s e r die List, es zu umgehn, seine Strenge zu mildern, den Gesetzesernst in Schmeicheley der Empfindungen umzuwandeln. Wer weiß es denn nicht, daß die Krankheit des letztern, des Zeitgeistes, Weichlichkeit und oft genug zu große Zartheit der Empfindung sey? – So fordert denn, wie es mir scheint, die alte und neue Pädagogik immer noch den Beweis von der N o t h w e n - d i g k e i t d e r G y m n a s t i k .

Zweyter Abschnitt.

NOTHWENDIGKEIT DER GYMNASTIK, ABGELEITET AUS DER ERFAHRUNG.

Siehe Bewegung erhält das Wohlseyn aller Geschöpfe
Neubeck.

Trefflich gedeihet der Mensch bey günstigem Clima im kunstlosen Stande der Natur, und ohne Mühe realisirt sich in ihm der uralte pädagogische Wunsch, daß ein gesunder Geist im gesunden Körper wohne. Viel körperliche Kraft, viel Gewandtheit der Glieder, viel Muth, ein hoher Grad der Sinnenschärfe, freudiges Gefühl voller Gesundheit und viel gesunder Verstand, das ist es, was den rohen Sohn der Natur beglückt. Kraftvoll und leicht gehen alle seine Bewegungen von Statten, er ermüdet das wenig verletzte Wild in anhaltendem, schnellem Laufen, Todesgefahr kann seinen Muth nicht erschüttern, er trotzt allen Qualen mit einer Standhaftigkeit, die uns schaudern macht; mit Leichtigkeit erträgt er die Beschwerden der Witterung, besiegt er Gefahren der in Aufruhr gerathenen Natur; in den Wellen des Meeres, in den heftigsten Brandungen spielt selbst sein Weib, sein wenig erwachsenes Kind. Tausend Nachrichten bewähren uns diese Behauptungen. Wer weiß es nicht, wie der sogenannte wilde Mensch im Geruch dem Spürhunde nahe kommt; wie sein Auge in Entfernungen Merkmale gewahret, die das Fernrohr nicht findet, wie es da deutliche Spuren entdeckt, wo das europäische nichts siehet? Er genießt einer langen dauerhaften Gesundheit – wenn nicht irgend ein europäisches Unheil auf ihn losstürmt, – stets verbunden mit dem berauschend freudigen Gefühl derselben, die ihm das Tanzen gleichsam zum Instinkt macht. Sehr merkwürdig ist seine Krüppellosigkeit, und da, wo nicht verderbende Gebräuche ihn gewaltsam in eine Form drücken, noch weit merkwürdiger sein idealisch schöner Bau. Der berühmte Amerikaner B e n j a m i n W e s t erwähnte in der Londner Akademie der Künste als Präsident des Eindrucks, den der erste Anblick des vatikanischen Apolls auf ihn gemacht habe, auf folgende Art: „Die vornehmsten Kunstkenner Roms, in deren Gesellschaft ich das Allerheiligste der Kunst besuchte, waren begierig zu sehen, welchen Eindruck das größte Meisterstück der bildenden Kunst auf einen Amerikaner machen würde, der noch nie die Ueberbleibsel der alten Kunst gesehen hatte. Von Bewunderung hingerissen rief ich aus: Wie ähnlich einem jungen Krieger von Mohock! – das Erstaunen der Kunstkenner gieng in Unwillen über diese paradoxe Aeußerung über, bis ich ihnen gezeigt hatte, wie viel Aehnlichkeit zwischen der erhabenen Schönheit des griechischen Gottes und einem ungebildeten (besser unverdorbenen) amerikanischen Wilden statt fänden."

Für den Kenner ist der Gegenstand durch diese Bemerkung eines Kunstkenners erschöpft. Und hat man wohl diese oder jene von den Reden gelesen, die dergleichen Naturkinder in Staatsangelegenheiten an ihresgleichen oder an Europäer hielten? Hat man da nicht die Kraft des Ausdrucks, die Lebendigkeit der Bilder, die Naivetät und Wahrheit der Gedanken bewundert? Wird man ihnen gesunden Menschenverstand und natürliche Gewandtheit im Denken absprechen können?

So viel der abgerissenen Züge aus dem Gemälde des Naturmenschen, wie er ohne Mühe und Kunst sein physisches Wesen sichern Schrittes entwickelt und zu einer selbst idealischen Höhe hinaufsteigt.

Nicht so der verfeinerte Mensch. Die Cultur seines Geistes, sey sie auch oft nur von wenig innerer Größe; die Bearbeitung seines Kunstsinnes, selbst schon der Anbau seiner bloß künstlichen (technischen) Gewandtheit, erhält in ihm so leicht die Obergewalt auf Kosten des Körpers, schwächt Kraft, Gesundheit, Ausdauer, Muth und Sinnenschärfe. Wo sich die Belege von selbst so aufdringen, ist es nicht nöthig sie aufzustellen. Man kennet allgemein die Klage über die Schwächlichkeit unserer Generation, vorzüglich in den Ständen, die ein sitzendes, eingeschlossenes Leben führen, über die zunehmende Menge der Krankheiten, über die weitere Verbreitung mancher derselben, über die körperliche Zartheit, Weichlichkeit und Unbehülflichkeit.

Wie erscheint nun gar der verfeinerte Mensch, wenn wir ihn mit seinem Bruder, dem Naturkinde, in Vergleichung bringen? Um wie viel mehr tritt dann nicht die Rechtmäßigkeit jener Klagen ins Licht? Immer, viele Jahrhunderte hindurch drängt die Geschichte an die Idee der rohen Natürlichkeit die der p h y s i s c h e n V o l l k o m m e n h e i t; an die der verfeinerten Cultur, die Vorstellung von p h y s i s c h e r U n v o l l k o m m e n h e i t. Jede Nation, die von den eisernen Anfangsstufen allmählich bis zu dem goldenen Gipfel der Cultur hinaufstieg, hatte ihr Zeitalter der Wildheit, des Heroismus, der Weichlichkeit!

Woher die physische Vollkommenheit dort, und das Gegentheil hier? Ist es Nahrung, ist es Clima, die diesen Wechsel bewirken? Schwerlich kann es jemanden einfallen, dieß zu behaupten. Sind es die Palläste, die Städte, die Dörfer, die den physischen Menschen verderben? An sich keineswegs. Man erbaue den Mohaks eine schöne Stadt; sie werden darum doch Mohaks bleiben können. Sie werden sogar von europäischen Kleidern nichts fürchten, wenn sie ihre Bewegungen anders nur frey lassen. So ist es, sagt man, die Vereinigung von vielen Umständen, die ganze L e b e n s a r t, welche das Naturkind zum schönen, starken Mohaker macht. Das ist vollkommen richtig, aber dadurch sind die Hauptmomente in dieser Lebensart noch nicht bestimmt, welche die Wirkung hervorbringen, und diese sind nach meiner Ueberzeugung keine anderen a l s U e b u n g d e s K ö r p e r s u n d S t ä r k u n g g e g e n w i d r i g e E i n - d r ü c k e von Jugend auf. Man nehme diese beyden Federn dem aufwachsenden Kinde des Wilden, seine Kraft ist gelähmt, es wird ein unbeholfner, schwacher, weichlicher Mann. –

Bey Gelegenheit des Tractats von Lancaster 1744 boten die virginischen Abgeordneten den Irokesen an, ein Dutzend ihrer Söhne im Collegium zu Williamsburg zu erziehn. Die Wilden warteten wie gewöhnlich mit der Antwort bis morgen. Sie war, der Hauptsache nach, diese: Ihr wollt euch zu unserm Besten viele Kosten machen;

aber wir danken. „Als kluge Männer müßt ihr wissen, daß verschiedene Nationen verschiedene Vorstellungen von den Dingen haben, und könnt es daher nicht übel deuten, wenn unsre Begriffe über diese Art von Erziehung von den eurigen abweichen sollten. Wir haben einige Erfahrung davon; mehrere von unsern jungen Leuten wurden vor Zeiten in den Schulen der nördlichen Provinzen erzogen. Sie wurden in allen Künsten unterwiesen, als sie aber unter uns zurückkamen, zeigten sie sich als schlechte Läufer, höchst unwissend in den Mitteln in Wäldern zu leben, ungeschickt Kälte und Hunger zu ertragen u. s. w., kurz sie waren zu nichts gut! Gleichwohl sind wir euch für euer Anerbieten verbunden, und um euch unser Dankgefühl dafür zu zeigen, erbieten wir uns, wenn die Herrn von Virginien uns ein halbes Dutzend von ihren Söhnen schicken wollen, große Sorge für ihre Erziehung zu tragen, und sie in allem, was wir verstehn, zu unterrichten, und M ä n n e r aus ihnen zu machen."[2] Es dankten auch ihrerseits die Virginier, einstimmig mit unsern Begriffen, daß es ein mißlicher Tausch

---

2   Franklins kleine Schriften, übers, v. Schatz. II. S. 216.

sey, das starke Gewand der Cultur gegen die bloße Haut der Un-
cultur hinzugeben. Aus den Angaben der Irokesischen Männer
sieht man indeß den Mangel der obigen beyden Hauptmomente deutlich hervorschimmern, und bemerkt zugleich, daß sie
nicht ohne pädagogischen Muth waren.

So spaßhaft die Frage wäre: sollen wir nicht die Erziehungswei-
se der sechs Nationen zur unsrigen machen? eben so ernsthaft
sind die:

Läßt sich das wechselnde Steigen und Sinken
des physischen Menschen, das die Geschichte
immer so fest an das Los der Rohheit und Verfeinerung knüpfte, nie hemmen? – Ist keine
Cultur möglich ohne Verfeinerung, das ist,
ohne Schwächung? – Ist der Mensch nothwendig zu Extremen verurtheilt? –
Läßt sich diese Schwächung, und wäre sie
auch nicht ganz aufzuheben, wenigstens
nicht merklich mäßigen? – In diesen Fragen liegt
die Veranlassung und der Zweck dieser Schrift. Wer es
begreift, daß der Naturmensch sich selbst ohne alle Kunst
zum physischen Ideale bildet, fast durchaus nur durch Uebung und physische Stärkung, und wer es einsieht,
daß Mangel an Bewegung, Uebung und Stärkung des Körpers
Millionen europäischer Individuen schwäche: der wird mit mir
den Wunsch nicht unterdrücken können: daß der kultivir-
te Mensch Uebung und physische Stärkung doch nicht ganz
und gar vergesse, daß er doch in den Plan seiner Erziehung
die Kunst aufnehme, den Körper durch zweckmäßige Uebungen und gut berechnete Abhärtung zu vervollkommnen, d. i.
die Gymnastik! Das obige ist meine kurze Deduction
der Nützlichkeit und Nothwendigkeit einer gymnastischen
Erziehung aus der Erfahrung. Man darf im Grunde nur den
durch Jahrtausende bestättigten Satz aussprechen: mit un-
verfeinerter Natürlichkeit war immer Stärke und Dauer; mit

Verfeinerung immer Schwäche und Kränklichkeit verbunden, und dieser einfache Satz reißt den denkenden Mann zu dem Plane hin, durch Kunst die Mittel zu ergreifen und auf Erziehung anzuwenden, die es fast einzig sind, welche der Natürlichkeit die Stärke, die Gewandtheit, die Ausdauer geben; die es machen, daß der Naturmensch in der physischen Natur gleichsam festern Fuß faßt.

Dritter Abschnitt.

NOTHWENDIGKEIT DER GYMNASTIK, ABGELEITET AUS DER NATUR DES MENSCHEN UND DEN GRUNDSAETZEN DER PHYSISCHEN ERZIEHUNG.

Laßt uns den langen Weg der Erfahrung, der beschwerlich und oft abgerissen durch Völker, Länder und Jahrhunderte führt, verlassen. Sammelten wir auf ihm auch eine unendliche Menge von Zeugnissen; sie sprächen nicht mehr aus, als was der obige Satz schon sagt; sie machten den wahren Satz nicht wahrer, höchstens nur anschaulicher.
Aber was sagt die Vernunft?
Der Mensch ist ein einziges Ganzes, ein untheilbares Wesen; ein geistiger Körper und ein verkörperter Geist, gleichzeitig entstanden, wir wissen nicht wie. Aber er ist, das wissen wir gewiß, für diese Welt zubereitet, und darum ist er so, wie er ist. Es ist ein vernünftiger Gedanke zu sagen: das Innere, der Geist ist der eigentliche Mensch, aber er gewährt keine so vollständige und bestimmte Vorstellung als der: diese unzertrennliche Verbindung des Geistes und Körpers macht den Menschen. Wäre der irdische kein wesentlicher Theil des Menschen, wozu wäre er da? Kann denn der Geist nicht für sich auf diesem Planeten ankommen, weilen, anschauen, Begriffe sammeln, Ideen schaffen und so sich bilden? Wir wissen nur

zu gewiß, daß hienieden seine Bildung und sein Wohlseyn in tausend Rücksichten an die Bildung und das Wohlseyn des Körpers gebunden sind. Es ist nicht allein der Blind- oder der Taubgeborne, der es uns ankündigt durch den Mangel einer überaus großen Reihe von Begriffen; nicht bloß der immer Sieche durch die matte, schleichende Geistesentwickelung, die nicht durch das Gefühl der Gesundheitsfülle belebt wird; nicht allein der im Gehirn fehlerhaft organisierte oder zufällig beschädigte, durch das verworrene Spiel seiner Geisteskinder der Gedanken; fast jeder aufwachsende Mensch giebt dem Beobachter den deutlichsten Beleg. Ihr Pädagogen zerplagt euch z. B. mit dem Knaben oft unglaublich. Nichts will in seinem Kopfe haften. Eure eifrigsten Belehrungen, Erinnerungen strömen durch das noch zu weiche, schwankende Wesen des Gehirns hindurch, wie die Luft durch ein lockergewebtes Gewand. Ihr möchtet alle Hoffnung aufgeben. Und seht, es kommt ein Zeitpunkt in der Entwickelung des Körpers, wo die ewige Fibration der Gehirnfibern sichtbar nachläßt; wo die zu große Lebhaftigkeit sich in Stetigkeit umwandelt, wo das sonst windig umherflatternde Auge mehr haftet, mehr den innern wachsenden Ernst, mit gehaltvollerer Sanftheit, ausspricht. – Habt ihr das etwa bewirkt?

Oder ist es die neue Action, in welche ein bisher noch schlummernder Theil der Organisation gesetzt wird? Ich meyne, ist es vielleicht ein Nachlassen der bis dahin noch stärkern Absonderung des Nervengeistes im Gehirn, um diese edelste Materie nun auch auf den erwachenden Organismus, der die Fortpflanzung zum Zweck hat, zu verwenden? – Das mögen Physiologen bestimmen. Aber auch umgekehrt kann sich der Körper nicht ohne den Geist entwickeln, und nie würde er unter dem Regimente einer Thierseele werden, was der menschliche Geist aus ihm macht. Ist die Bildung des Schädels Folge der geistigen Anlagen und Kräfte, oder sind geistige Kräfte das Resultat der Schädelform? – Ist körperliche Kraft nicht das

Produkt des anhaltenden Willens? Körperliche Fertigkeit nicht
eine durch den Geist dirigirte Abrichtung? Ist es nicht die Innere mit großer Strebsamkeit begabte Feder, die unaufhörlich
nach außen drückt, und die Räder, die bis dahin unthätig
standen, in Bewegung d. i. die organische Masse, die anfangs
in ihren Wirkungen nach außen ohnmächtig hinstarrte, in
Action setzt? – Geben nicht die individuellen Neigungen des
Gemüths den körperlichen Fertigkeiten eine eigene Richtung
und Größe? –

Es ist, als wenn der Geist von innen gleichsam an dem Körper
arbeitete; ohne seine Gegenwart entstände er nicht. Es ist gewiß, daß er, so lange als Bildsamkeit des Körpers statt findet,
unterstützt von der Organisationskraft, an ihm bildet. Gut
oder schlecht, wie die Umstände es ihm gestatten. Nun ist es
doch eigen, wenn die, welche das Bildungsgeschäfft des Menschen übernehmen, da Stöhrung machen und es negativ oder
positiv hindern wollen! – Sollten sie es nicht vielmehr befördern helfen? –

Ein sehr verständiger Mann nahm sich eines Bauernknaben
an. Er wollte sein Bestes. Er wollte ihn sich zum Dienste ab-
richten. Sein Contract war sehr gutmüthig; der Knabe sollte
es dann lustig und gut haben, wann er aus dem Tölpelstande
heraus wäre. Aber der unbedachtsame Vormund des Knaben
wollte das nicht. Er meynte, es schicke sich für solch ein Subject nicht, über sein angebornes Tölpeltalent hinauszurücken.
Wahrhaftig ein sehr orbilischer Vormund! – Wenn das Physische und Geistige im Menschen nur E i n s macht; wenn beyder Schicksale unzertrennlich zusammenhängen, wenn ihre
Bildung nur unzertrennt statt finden kann: s o   m u ß   b e y -
d e r   B i l d u n g   i m m e r   i n   v o l l e r   H a r m o n i e   H a n d
i n   H a n d   g e h n . Wenn wir daher des Geistes uns besonders
annehmen, ihn durch die Kunst der Abstraction und Specula-
tion in seiner Reifung beschleunigen: so müssen wir auch dem
Körper zu Hülfe kommen mit positiver Kunst, er bleibt sonst

zurück, wenn wir ihn bloß der Bildung überlassen, die sein
Geist, in seiner Thätigkeit von uns beschränkt, auf ihn ausüben
kann. Oder laßt uns einmal, um die Wahrheit jener Maxime
desto leichter zu erkennen, die Hauptarten der Menschenbildung durchgehn und ihre Resultate betrachten. Es sind nur
folgende Hauptmethoden denkbar.

Die e r s t e spricht: Ueberlasset den Körper seinem Schicksal.
Er ist ein dem eigentlichen Menschen subordinierter Theil.
Steigert die Bildung des Geistes mit höchster Kunst; er ist ja eigentlich der göttliche Theil, der eigentliche Mensch, auf dessen
Bildung alles ankommt. Und das Resultat? – Der Geist wird den
Tölpel, den er zum Gefährten hat, nicht mehr leiden; müde der
Last seiner Gesellschaft, wird er sich von ihm wegsehnen und
ihn oft früh genug verlassen. Ich mag nicht mehr sagen. Man
gehe und beobachte dieses Resultat, wie lästig es sich in den
höhern, verfeinerten Klassen, in der Kaste der Gelehrten entwickelt, gleichsam wie der Stoff des Unglücks, der Schwäche,
der physischen Unbehülflichkeit, der Krankheit, des Trübsinns
etc. aus dieser Pandora-Büchse emporsteigt! – Die Z w e y t e :
Es lebe der physische Mensch! Biete alle begünstigenden Umstände, alle positive Kunst nur zu s e i n e m Besten auf! – Und
das Resultat? Mit großer Gewißheit läßt es sich dahin bestimmen: Du wirst auf jeden Fall sicherer fahren, als bey einseitiger
Bildung des Geistes. Das schlimmste, was du auf diesem Wege
herausbringen kannst, ist ein physisches Ideal; gesund, stark,
robust; mit einem Geiste von großer Heiterkeit und gesundem
Menschenverstände. Das wäre, dächt ich, pädagogischer Ehre
schon werth. Und nun

Die D r i t t e : Bildet den Menschen in physischer und geistiger
Hinsicht mit wohlüberlegter Kunst und – ihr werdet ihn in beyder Hinsicht idealisiren, ohne daß sein Wesen darunter leidet.

Gottlob! wir können ja wählen. Jedoch, wie man von selbst sieht,
nur unter zwey Dingen: entweder a l l s e i t i g e   B i l d u n g
i n   b e s t e r   H a r m o n i e , oder p h y s i s c h   e i n s e i t i g e .

Mißlich ist immer das D r i t t e . – Welch ein sonderbares Phänomen in der cultivirten Welt, daß man sich dennoch so lange, ja noch jetzt, und daß man sich so gern zu diesem dritten hinneigte. Jedoch es war sehr natürlich, wie wir weiterhin sehen. Die Natur hat ihren sehr sichern Schritt. Ein großer Mathematiker hat ihn abgemessen; doch wohl in Hinsicht auf Zweck. Sie steigt vom bloßen A n s e t z e n zur Cristallisation des Steines und Salzes hinüber. Gegen jene Conglomeration ist hier schon mehr verständige Regsamkeit, schon mehr Kunstsinn merkbar. Aber weit über diesen beyden ersten Stufen steht sie mit organisirender Hand, begriffen in der Schöpfung der Pflanze. Es ist, als bliese sie ihr ein Etwas von Seele ein. Ihr Hauch scheint nebenhin zu verdunsten, doch etwas dringt ein. Die Schöpfung eines schönen Wesens vollendet sich durch Organisation, und bewustlos steht ein höchstens reitzbares Geschöpf da, das edelste in einer Welt von Stein und Cristall.

Aber sie will mehr; sie steigt höher. Ihr gnügt nicht Organisation, nicht Reizbarkeit. Aus ihrer Hand quillt Reitzbarkeit, Empfindung, Bewegung und Bewußtseyn in das Thier. Es springt freudig umher. Von ihrem Hauche ist weit mehr eingedrungen. In ihm ist ein Etwas, eine Seele, eine bildsame Seele. Aber sie ist es nur bis zu engen Schranken; nicht weiter. Die Organisation ist hier gleich einem Stoße, den die Hand der Natur beybringt. Seine wirkende Kraft erstirbt, wann die Schranken erreicht sind. Da entsteht kein neuer Impuls im Wesen selbst. Es ist nur fortdauernder durch die Organisation ausgeübter Stoß.

Ganz anders als die kristallisirende und organisirende verfährt die Natur in der Schöpfung des Menschen. Damit die Welt nicht durchweg ein mechanisch-chemisches Wunder wäre, nicht ganz den Gesetzen der Organisation gehorchte, und nicht ewig stehen bliebe, wo Adams Welt stand: so zog sie die Hand von ihm ab, kaum daß die organische Einrichtung begonnen war. Er sollte nicht bloß diesem Anstoße folgen, wie eine Kugel dem treibenden Stoße der fremden Kraft, und liegen bleiben, wo die Kraft zu treiben aufhört; sondern aus eigener Kraft fortwandeln. Sie vollendete seine Schöpfung nicht selbst; sie legte in ihn ein freyes, denkendes, vernünftiges Etwas, das fähig ist, sich selbst zu fassen und sein eigenes Ich zu vollenden. Die Composition entsteht, aber die Schöpfung des eigentlichen Menschen ist seine e i g e n e Sache.

Das ist es, warum wir an dem bloßen Auffüttern nicht genug haben, warum uns mehr Noth ist, als Bildung durch Organisation. Wir wollen Fortsetzung der natürlichen, wir wollen k ü n s t l i c h e Schöpfung, weil wir Kraft dazu in uns fühlen, weil wir begreifen, daß wir nur dadurch die höhere Humanität ersteigen. So befriedigt uns in die Länge der Naturzustand nicht, wir schreiten in den menschlichen hinüber, das ist, ins lichtere Gebiet der Cultur. In ihr erkennen wir den Schutzgeist der Menschheit. Er gebietet über Land und Meer, er hält die Zügel der Welt.

Es ist sehr begreiflich, wie Nationen, die diese Zügel bemerkten, alles aufboten, um sich ihrer zu bemächtigen, wie sie alles ergriffen, was die Cultur des Menschen erhöhen, erleichtern konnte. So bildete sich seit alten Zeiten eine E r z i e h u n g s - k u n s t , ein positives Einwirken der Erwachsenen auf die Unerwachsenen. Und worauf gründete sie sich? – Es konnte ja freylich nicht fehlen, daß der menschliche Geist sich selbst zu Rathe zog, und seine Bildung auf seine eigenen Anlagen und Kräfte gründete; aber sehr inkonsequent zog er nur gar zu oft, mehr als Recht war, Clima, Boden, Lage des Wohnlandes, Umgebungen und Convenienzen aller Art so sehr ins Spiel, daß er seine eigene Natur darüber gleichsam vergaß. Es ist sehr begreiflich, daß der Pädagog seinen Blick häufig nur hinrichtete auf jene Herrschaft durch Cultur, daß er mit großer Emsigkeit die praktischen Mittel aufsuchte, seine Zöglinge so zu bilden, daß sie recht bald ihren Antheil an jenen Zügeln ergreifen möchten. Was that er besonders in spätem Zeiten? Er zog zu diesem Ziele die geradeste Linie als die kürzeste, und diese gieng fast nur ausschließlich durch das Gebiet der intellectuellen Erziehung; denn man sah wohl ein, daß intellectuelle Bildung das Hauptmoment sey, zu dem vorgesetzten Zwecke zu gelangen. Ein Abgrund auf diesem kürzern Wege ward nicht beachtet. Man balancierte auf straffgespanntem Drathe hinüber, um der Kürze des Weges willen. Was hinabfiel, ward wenig bemerkt. Ohne Bild: Man übersah es, daß der Mensch nicht bloß Geist ist, sondern ein v e r k ö r p e r t e r Geist; ein Geist, der von seinem Entstehen an mit dem Körper nur E i n Wesen – den Menschen – macht. Welche Unbedachtsamkeit, bey dem Bildungsgeschäffte eine tödtliche Trennung vorzunehmen; ihn, den Geist, mit grausamen pädagogischem Messer zu sondern, um ihn allein der Bildungsoperation zu unterwerfen!

Man übersah da manchen Punkt: den Geist, wie er sich unabhängig vom Körper nicht bilden kann; wie er nicht frey ist von den Einwirkungen seines irdischen Gefährten; wie er diesen als Organ seiner Kräfte in der physischen Welt durchaus gebraucht. Den Körper übersah man mit seinen Sinnen, Gliedern und kraftvollen Anlagen. So überantwortete der Pädagog nur gar zu leicht, jener g e r a d l i n i g e n Theorie gemäß, seine Zöglinge der physischen Ungewandtheit, der Nervenschwäche, der Kränklichkeit, mit einem Worte, der V e r f e i n e r u n g. Sein Irrthum hat die schönsten Plane mit den hoffnungsvollsten Individuen oft genug in jenen Abgrund gestürzt!–

Das war die Folge davon, wenn man das Gebäude der Pädagogik nicht sowohl gründete auf das Wesen des Menschen selbst, sondern vorzüglich auf Grund, Boden, Sitten, Verfassung des Wohnlandes, damit der Mensch hier möglichst schnell Wurzel faßte und Früchte trüge, die bald und leicht an den Mann zu bringen wären. Man beschnitt der schönen Pflanze die Wurzel, damit die Krone schnell wüchse; aber nur zu früh senkte sie diese dann oft. Seht da eine Irokesisch einseitige Erziehungsart und, wohl überlegt, ist sie noch ein wenig mißlicher! – Man ist in neuern Zeiten mehr in das Wesen des Menschen hineingegangen. Bey einer, mehr aus ihm selbst abgeleiteten, Pädagogik gelangten wir in der Theorie bald so weit, die Tendenz der Erziehung zu erweitern, und ihr nicht bloß die geistigen, sondern auch die körperlichen Anlagen und Kräfte als Objecte ihrer Thätigkeit anzuweisen. Selbst der Geist der Zeit, dieser schmeichelnde Tyrann, leitete nach diesem Punkte hin; denn indem er mit den Kräften der kultivirtesten Menschheit sein entnervendes Spiel der Verfeinerung trieb und eine Partie nach der andern gewann; so mußte er nothwendig eine Opposition wecken, die ihn durch pädagogische und makrobiotische Kunst entgegen zu wirken strebte. So erhielten wir eine stark reformierte Wissenschaft der physischen Erziehung. Was für Pflichten übernimmt denn nun diese Pflegerinn des physischen Menschen? Wie? Wodurch wird sie diesen Pflichten genug thun?

Diese beyden Fragen sind es, die nothwendig vorläufig erörtert werden müssen, wenn es darauf ankommt, den obersten Grundsatz der physischen Erziehungskunst festzusetzen und aus ihm die Nothwendigkeit der Leibesübungen zu deduciren. Beyde zerfallen nach einer sich selbst ergebenden Analyse in die beyden Begriffe, Z w e c k und M i t t e l.

Wenn der Zweck der Erziehung überhaupt Bildung des Menschen ist, so muß die physische Erziehung zum Zweck haben: Entwickelung und Bildung der Anlagen des physischen Menschen, und so wie sich aus dem Zwecke des Menschen überhaupt der höchste Grundsatz der Erziehung abstrahiren läßt, so ist das Grundprincip der physischen Erziehung auch nur aus dem Zwecke des physischen Menschen zu entwickeln.

Man urtheilt doch wohl ein wenig zu geringschätzig, wenn man meynt, der Körper sey nur ein Instrument; vielmehr sollte man sagen: er ist die executive Gewalt des geistigen Menschen, ja noch mehr: eine diesem zugeordnete und gesetzgebende Gewalt. Ich möchte wenigstens nicht unbeschränkend sagen, u n t e r g e o r d n e t e; denn der Körper ist ja nicht immer bloß

Diener. Ist er denn nicht zuerst eine lange Zeit sogar H e r r , L e h r e r , damit der Geist befehlen lerne? Er spielt also wenigstens nicht immer eine subalterne Rolle. Er ist nur Diener, in sofern er auf Geheiß des Geistes die Bewegungen verrichtet, die dieser ihm aufträgt; aber Lehrer, insofern er die Eindrücke aufnimmt und vor die Anschauung des Geistes bringt. Beyde verhalten sich wechselnd, bald leidend, bald thätig, bald bloß thätig im gegenseitigen Verhältnisse.

Der Zweck des physischen Menschen ist mithin kein anderer, als: er s o 11 L e h r e r u n d D i e n e r d e s G e i s t e s s e y n . Man bemerkt leicht, daß er das vermöge seiner Construction, vermöge seiner innigen unergründlichen Verknüpfung mit dem Geiste von selbst immer sey, ohne alle Kunst der physischen Erziehung. Diese muß die V o l l k o m m e n h e i t des Lehrers und Dieners zum Zweck haben; sie muß darauf ausgehen, aus ihm einen m ö g l i c h s t v o l l k o m m n e n L e h r e r u n d D i e n e r z u b i l d e n . So rücken wir zu einer neuen Frage fort. Worin besteht jene Vollkommenheit? –

Nenne die S c h ö n h e i t , nenne die möglichste B r a u c h - b a r k e i t , und du hast den Begriff erschöpft.

1. Es ist nicht denkbar, daß dem menschlichen Geiste die Form des Irdischen gleichgültig sey. Auch den rohesten Nationen ist die Vorstellung der Häßlichkeit drückend. Sie verstecken diese unter künstlichem Scheine – sie putzen sich. Dieses Drückende, das unaufhörlich fühlbar ist, Alten und Jungen, vertritt dem Menschen die Stelle des bey den Thieren so deutlichen Instinkts der Reinlichkeit und Putzliebe. Menschen die davon gar nichts empfinden, sinken gar unter das Thier. S c h ö n h e i t ist daher eine der Hauptvollkommenheiten des physischen Menschen, denn der Mangel desselben erzeugt im Geiste eine drückende Vorstellung, die seine Behaglichkeit mindert, beengt.

2 . B r a u c h b a r k e i t im möglichst hohen Grade. Es sind zweyerley Funktionen, die der Körper hat. Die Eindrücke von

außen aufzunehmen und zur Seele zu bringen, das ist die E i n e , und durch sie ist er thätiger L e h r e r . Dann die Befehle des Geistes aufzunehmen, sie in der physischen Welt zu vollziehen; die zweyte, und so ist er D i e n e r des Geistes. Aber worin besteht denn nun seine vollkommne Brauchbarkeit

a. als L e h r e r ? –

1. Er muß starke gesunde Nerven haben, damit die äußern Eindrücke nicht krampfhaft auf sie wirken, und von ihnen verstellt, verkrüppelt zur Seele gebracht werden.

2. Seine Sinnenorgane müssen wohlerhalten und geübt seyn. Dieser Gegenstand ist es, auf den die neuesten Bemühungen der Pädagogiker hinzielen. Sie werden eine denkwürdige Revolution im Unterrichte hervorbringen. Ich vindicire diesen Unterricht zum Theil wenigstens, wie schon ehemals, der physischen Erziehung, weil sein Stoff ganz in der physischen Welt liegt, die Sinnenorgane eine Hauptrolle dabey spielen, und das sinnliche Beobachtungsvermögen sein Subject ist. Eben darum ist er wahrer Elementarunterricht, d. i. Anfangsunterricht[3].

b. Als D i e n e r .

Man überlege doch, was der Körper als Diener zu schaffen hat; sein Verhältniß gegen den Geist ist hier so leicht zu erkennen. Er soll g e s u n d seyn; denn was soll man mit einem kränklichen Diener? Er soll d a u e r h a f t , r o b u s t seyn; was mit einem hinfälligen Weichling? Er soll K r a f t haben; denn darüber

---

3 Die Natur weiß den Anfang zu allen Dingen am besten zu finden. Wir stehn dabey, machen große Augen und sehen gewöhnlich – nichts – darum machen wir da immer so gern Hypothesen; denn wir möchten doch gar zu gern etwas gesehen haben, thun daher wenigstens so! Eine solche Hypothese war es seit langen Zeiten, wenn man glaubte, Begriffe ließ ein sich ohne Anschauungen in den Geist hineintragen, diese ließen sich, unter Uebergehung der Sinnlichkeit, directe und unmittelbar bilden. Es waren deutsche Pädagogen, die sich zuerst theoretisch und praktisch gegen den Satz auflehnten, und Anschauung predigten, und nun ein Schweizer, du kräftiger Pestalozzi, der der Anschauung ein ABC gab.

freuet sich selbst der gebildeteste Geist. Fragt ihn; ach wie gern gäbe er manchen Theil des unnützen, bloß blendenden Nebenwerks hin, der Ohnmächtige, für körperliche Kraft und Dauer! Wie oft fühlt er die Unhaltbarkeit seiner Position, und erkennt in dem starken Körper die Festung mit guter Besatzung, unter deren Schutze sichs sicher hauset. – Er soll g e s c h i c k t , g e w a n d t seyn, um die Befehle des Geistes vollbringen zu können. Der Geist theilt seine Befehle aus an die Muskeln des Körpers. Es sind ihrer mehrere hundert. Er ist ein schlechter, ungeschickter Diener, wenn er sie, ihrer Bestimmung gemäß, nicht fertig gebrauchen kann. Aus Obigem ergiebt sich demnach der oberste Grundsatz der physischen Erziehung: B i l d e a l l e A n l a g e n i m p h y s i s c h e n M e n s c h e n a u s z u r m ö g l i c h s t e n S c h ö n h e i t u n d v o l l k o m - m e n s t e n B r a u c h b a r k e i t d e s K ö r p e r s , a l s L e h - r e r s u n d D i e n e r s d e s G e i s t e s . Wir rücken weiter zur zweyten Frage:

Welche Mittel hat die physische Erziehung, um diesem ihren Princip gemäß zu handeln, um allen Forderungen zu entsprechen, die in demselben liegen? Ich kann hier sehr kurz seyn. Man überlege doch, was gethan werden soll. Ist es nicht dieses? Der Körper und seine Nerven sollen gegen Witterung und mancherley Leiden gestärkt, seine Muskeln sollen bis zur möglichsten Fertigkeit zu allen natürlichen Bewegungen abgerichtet, seine Glieder dadurch gelenkig gemacht, seine Sinne geübt werden; kurz, die Maschine soll Dauer, Stärke, Schnellkraft, Gewandtheit erhalten, und sich zu einem möglichst schönen Ganzen entwickeln.

Man halte die Hauptmomente unserer physischen Erziehungskunst, wie sie gewöhnlich ist, dagegen. Hält man es für möglich, durch die Sorge für Nahrung, A b s o n d e r u n g , g e s u n - d e L u f t , h e i t e r e G e m ü t h s s t i m m u n g , d u r c h u n s c h ä d l i c h e E i n r i c h t u n g d e r K l e i d u n g und w e i s e B e s c h r ä n k u n g d e s G e s c h l e c h t s t r i e b e s jenen Forderungen genug zu thun? ? Unmöglich, kann man das glauben. Alle diese Mittel sind nur angelegt auf Erhaltung, auf Verhütung des Schädlichen; sie sind ja fast durchaus nur n e g a t i v; so wie selbst die sogenannte B e w e g u n g – ein Spaziergang, eine Flucht aufs Land, eine Fahrt, ein Motions- stuhl, ein Gymnastikon. – Alle diese Dinge können den obi- gen Forderungen nicht genug thun. Diese gehn auf Fertigkeit, K r a f t und S t ä r k u n g des Körpers; wie aber ist es denn möglich, daß diese entstehen ohne Uebung des Leibes, ohne G y m n a s t i k ? ?

Quelle 6: Das Sportspiel – Dialoge zwischen Körper und Geist

(Anm. des Herausgebers: Für das Verständnis eines Dialogs zwischen Körper und Geist innerhalb eines Sport-Spieles werden nachfolgend Vorwort und Einleitung aufgezeigt. Die übrigen Kapitel werden ausgelassen.)

Spiele Zur Übung Und Erholung Des Körpers Und Geistes: Für Die Jugend, Ihre Erzieher Und Alle Freunde Unschuldiger Jugendfreuden (1796)

Vorrede

Erholung ist dem Menschen, besonders im jugendlichen Alter, durchaus nothwendig. Wenn demnach die Jugend, deren Zahl allein in unserm Vaterlande Millionen beträgt, täglich nur zwey Stunden spielt: so beträgt dieß viele Millionen menschlicher Existenz. Sollte es denn da einer großen Nation wohl gleichgültig seyn, ob ein so beträchtlicher Theil der Zeit, ja was noch mehr sagen will, der Bildungszeit, verloren geht, oder genutzt wird; ob man ihn zum leidigen Zeitvertreibe, oder zur nöthigen Ausbildung der Kräfte; unsittlich, geschmacklos, und schädlich, oder unschuldig, anständig und nützlich verwendet? Dieß ist der ernsthafte Gesichtspunkt, aus dem ich dieses Buch zu betrachten bitte. Wahrlich ich wollte mit diesen mühsam geschriebenen Tänderleyen nicht tändeln.

Seit Tranquillus Suetonis, der ein, für uns verlornes, Buch über die Spiele der Griechen schrieb, sind unglaublich viel Bücher über Spiele abgefaßt. Dennoch übergebe ich hier dem Publikum das meinige; aber freylich mit der Ueberzeugung, daß es für den beabsichtigten Gebrauch besser, zweckmäßiger, und systematischer als die bisherigen sey. Alle Bücher über Spiele zerfallen in zwey Classen; sie sind entweder philologisch-historisch, wie die schätzbaren kleinen Werke des Meursius, Bulengerus, Hyde, und kommen folglich hier gar nicht in Betracht; oder sie sind in praktischer Hinsicht geschrieben, um in gesellschaftlichen Kreisen danach zu spielen. Ich kenne davon eine ansehnliche Menge, aber kein einziges, das mit gehöriger Auswahl, nach einem bestimmten Zwecke, für bestimmte Subjecte, mit geläutertem Geschmacke, und durchdachter Schätzung des Werths jedes einzelnen Spiels, nach einem nur etwas gründlichen Systeme abgefaßt wäre. Daher sind alle diese Bücher auf gut Glück gleichsam zusammengewürfelt, theils entsetzlich schlecht; nicht nur geschmacklos, sondern oft pöbelhaft, unsittlich, voll Zweydeutigkeiten und Zoten. Sollte mans wohl glauben, daß in einem kleinen, 1792 in Leipzig verlegten, sehr beliebten Buche Sachen abgedruckt wurden, die aus einer der elendesten Schmierereyen, die 1757 in Frankfurt erschien, entlehnt sind? Spielformeln wie diese: „Mit Gunst ihr Meister und Gesellen, der Teufel ist in der Höllen, der Meister giebt wenig Lohn und viel Knochen, mit Gunst ihm sey" etc. oder dem ANGEHMEN GESELLSCHAFTER 1792: „Auf einem meiner Bäume, den ich habe daheime, hab ich 2, 3 etc. Blätter, auf dem dritten Blatte war eine Schnecke, die hatte ein Haus zur Decke, die kroch unter 2, 3, Zweige, sie wollte sitzen träuge, u. s. w.

In PAEDAGOGISCHER Hinsicht ist noch gar keine Sammlung von Spielen veranstaltet. Hielt man Spiele für nichtswürdige Possen, die der Zeit, der Mühe und des Papiers nicht werth sind? Schämten sich Gelehrte, sie zu beschreiben? Ach wie viel tausend seicht – und tief-gelehrte Nichtswürdigkeiten hätte man dann ungedruckt lassen müssen! Bey Büchern ist es nur Nebensache, ob die Buchmanufactur im Gange bleibt oder nicht, ob Papiermüller, Buchhändler und Gelehrte dabei gewinnen oder nicht, die Hauptfrage bleibt dabei immer: können sie merklichen Einluß auf die physische oder geistige Vervollkommnung des Menschen haben? – Wahrlich eine böse Frage;

man thue sie an manch dickleibiges, grundgelehrtes Werk, da erscheints wie eine Seifenblase, die trefflich glänzt, sich prächtig aufbläht und ohne Folgen bleibt.

Dieses Buch enthält Spiele für die Jugend, aber es ist nicht für die Jugend geschrieben, sondern für ihre Eltern, Erzieher und Freunde; daher nicht nur Beschreibungen, sondern auch Beurtheilungen der einzelnen Spiele; daher die Blicke auf das alte Griechenland als historische Erläuterungen und als angenehme Erinnerungen an ein liebenswürdiges Volk; daher die Einleitung, die, wie der erste Blick lehrt, nicht für die Jugend bestimmt ist. Damit will ich jedoch nicht gesagt haben, daß junge Leute die Spiele dieser Sammlung nicht sollten verstehn und nachspielen können; ich wollte mich nur bestimmt erklären, für wen das Buch geschrieben sey. Spiele sind Blumenbänder, durch welche man Jugend an sich fesselt; daher übergebe ich sie lieber ihren Erziehern, als unmittelbar ihr selbst.

Von jedem Spiele findet man im vorliegenden Buche eine möglichst genaue und umständliche Beschreibung, die bey den Bewegungsspielen fast ohne alle Ausnahme, bey den sitzenden großentheils auf wirkliche Experimente gegründet ist. Sollte sie manchem bey diesen und jenem Spiele umständlich scheinen, so bitte ich, zu bedenken, daß man auch auf solche Leser Rücksicht nehmen müsse, die das nicht gleich finden, was sich schon von selbst versteht, und daß der Zeck des Buchs, der auf praktische Anwendung geht, umständliche Auseinandersetzung erforderte, weil sich nach allgemeinen Angaben gewöhnlich nichts ausführen läßt. Man wird dessen ungeachtet bey den Ballspielen, immer noch genug zu thun haben, sie im jugendlichen Kreise bis zu der Geläufigkeit zu bringen, durch welche sie erst in ihrer angenehmen Gestalt völlig hervortreten. – Die Beurtheilungen der einzelnen Spiele sind zwar nicht umständlich aber doch hinreichend, auf den Gehalt derselben aufmerksamer zu machen, als man bisher wohl gewesen ist. – Alle, etwa drey ausgenommen, welche mir mitgetheilt wurden, sind entweder aus eigner Erfahrung niedergeschrieben, oder aus verschiedenen deutschen und fremden Gegenden, wozu mein Lage sehr günstig war, zusammengetragen, versucht, beschrieben, ergänzt und verbessert. Es sind 105, weil die bestimmte Bogenzahl nicht mehr fassen konnte und mich nöthigte, bey den Bretspielen abzubrechen. Ich hoffe, man wird, damit zufrieden seyn, bezahlt man doch einzeln herausgekommene Spiele häufig fast eben so theuer.

Obgleich die Zahl schon ziemlich ansehnlich ist und ob ich gleich selbst noch einen ziemlichen Vorrath besitze, so wäre es mir doch sehr angenehm, wenn man mir aus nahen und fernen Gegenden Spiele mittheilte; Alter und Geschmack, Fähigkeiten und Kenntnisse, häusliche Lage und Gesellschaften der Jugend, der besondere Geschmack der Eltern und Erzieher, Tags- und Jahrszeiten, häusliche Umstände u. s. w. machen eine große Zahl von Spielen nöthig. Ich werde daher für einen zweyten Theil besorgt seyn.

Die treffliche Ausführung meiner Idee im Basrelief des Titels verdanke ich der Meisterhand unsers Rambergs und dem einsichtsvollen und treuen Künstler Stölzel. Die Erziehung, in schöner weiblicher Gestalt, an den Altar der Natur gelehnt, neben ihrer Rechten das Symbol der BILDUNG, in ihrer linken Hand das der LEITUNG, wacht über die Spiele der unschuldigen Kleinen. Möchten doch Eltern diesen einfachen Gedanken beherzigen.

Schnepfenthal bey Gotha, April 6. 1796.

Einleitung

Über den Begriff des Spiels und über den moralischen, politischen und pädagogischen Werth der Spiele; über ihre Wahl, Eigenschaften und Classification.

Als die Langeweile zuerst die Hütten der Menschen besuchte, trat das Vergnügen zugleich herein, bot ihren Bewohnern die Hand, und forderte diese Naturkinder zum Tanz auf. So entstanden die natürlichsten, unschuldigsten Spiele, nämlich die *Bewegungsspiele.* Die Hütten verwandelten sich in Paläste, auch hier erschien die Langeweile; aber verbat sich den Mund und präsentirte die Karten.

Langeweile ist immer nur die Veranlassung zum Spiele; der natürliche Trieb der Thätigkeit ihr Schöpfer. Die Äußerung dieses Triebes zeigt sich bey den Spielen, nach dem Grade der Cultur und der Verfeinerung der Völker und einzelnen Menschen, bald körperlich, bald geistig, bald aus beyden gemischt. Daher die vershiedenen Spielgattungen. Beym Spiele im strengen Sinne hat der Spieler keinen Zweck, als den der Belustigung an der freyen Wirksamkeit seiner Thätigkeit,[4] davon ist hier die Rede nicht; denn wo sind die Spiele der Art, wo bloß ästhetische Größen nämlich Form und Gestalt das Materiale derselben machten? Ich kenne nur Ein Spiel, was hierher zu gehören scheint, nämlich das sogenannte Parquet. Es ist nun einmal gewöhnlich, alle, wenn auch spielende Beschäfftigungen mit Formen u. Gestalten nicht Spiel zu nennen. Beym Spiele im gewöhnlichen Sinne ist der nächste Zweck Belustigung, der entferntere Erholung oder Schutz gegen Langeweile. Daß diese Belustigung ebenfalls aus der Wirksamkeit unserer Tätigkeit geschöpft

---

4   In der Zeitschrift DIE HOREN findet man hierüber einen sehr durchdachten Aufsatz.

werde, ist gewiß. Die Mittel diese Thätigkeit wirksam zu machen, sind erstlich das Materiale des Spiels, welches sich bald als träge, bald als active Masse unserer Thätigkeit widersetzt. Da aber das Materiale fast bey keinem einzigen unserer Spiele allein schon Interesse genug für unsere Thätigkeit hat, um sie folglich nicht hinlänglich reizt: so wird zweytens irgend ein Affect, vorzüglich Ehrliebe, mit hineingezogen und als Sporn der Thätigkeit gebraucht, drittens dem Zufalle bald mehr bald minder Herrschaft über das Materiale eingeräumt, wodurch die Erwartung gespannt und die Thätigkeit rege erhalten wird. Allein der Grund des Vergnügens beym Spiele liegt doch nicht allein in unserer Tätigkeit, sondern auch in der Anschauung der Form des Spiels, d. i. der verabredeten systematischen Ordnung unserer Thätigkeit; wird diese gestört, schmiegt sich unsere Action dem Systeme des Spiels nur unvollkommen an: so mindert sich die Belustigung. *Spiele sind also Belustigungen zur Erholung, geschöpft aus der Wirksamkeit und verabredeten Form unserer Thätigkeit.*

Auf Hasardspiele paßt sich diese Definition nicht; sie sind die Kette, an welcher der Zufall den Spieler nach Belieben an der Nase herumführt, indem er ihn mit der Geißel der Affecten bald streichelt bald züchtiget.

Nach dem Obigen läßt sich der moralische Werth der Spiele an sich selbst im allgemeinen nun leicht bestimmen. Er richtet sich nach der Natur des Afects, der zur Spannung unserer Thätigkeit hineingezogen wird. Je unschuldiger dieser ist, desto unschuldiger ist das Spiel. Sein Werth ist daher so verschieden, als die Natur der Ehrliebe, der psychischen Liebe, der Habsucht. Nach dem Grade des Affectes; den jede Steigerung macht ihn nicht nur bedeutender, sondern mindert auch die Freyheit unserer Thätigkeit; das Spiel würde aber am unschuldigsten seyn, wenn diese ganz frey dabey bliebe und durch gar keinen Affect rege erhalten würde. Endlich nach dem Grade der Herrschaft, welche dem *Zufalle* beym Spiele zugestanden wird; geht diese nur so weit, als es nöthig ist zur mäßigen Spannung der Erwartung und der Thätigkeit: so wird das Spiel mehr Werth haben; verschwindet aber diese völlig daraus, bewegt sie nur höchstens noch die Fingerspitzen zum Umschlagen der Karte, zum Hinrollen der Würfel; überlassen wir uns bloß dem Zufalle, der uns durch unsere eigenen Affecten geißelt und das Spiel dadurch pikant wie Brennessel macht: so entstehen die Hasardspiele, die schlechtesten von allen unmoralischen.

Aber es ist Zeit den Weg trockner Bestimmung der Begriffe zu verlassen; vielleicht bin ich im Stande, einen weniger beschwerlichen zu finden.

Spiele sind wichtige Kleinigkeiten; denn sie sind zu allen Zeiten, unter allen Völkern, bey Jung und Alt *Bedürfnisse* gewesen; weil Freude und Vergnügen zur Erholung von Arbeit, leider auch wohl zum Schutze gegen Langeweile, eben so gut Bedürfnisse sind, als Befriedigung der Verdauungs- und Denkkraft. Spiele sind daher über den ganzen Erdkreis verbreitet; Alles spielt, der Mensch und sein Kind nicht nur, sondern auch das Thier und sein Junges, der Fisch im Wasser, der Hund, das Pferd, der Löwe und ihre Jungen spielen. wer hat die Geheimnisse der Pflanzen, die Dunkelheiten der Elemente, die Mysterien des Wärmestoffs, der Electricität, des Magnetismus, die endlosen, Entfernungen der Weltkörper durchschauet, um hier alles Spiel geradezu verneinen zu können.[5]

---

5 Neque homines neque bruta in perpetua corporis et animi con tentione esse possunt, non magis quam fides in citbara aut nervus in arcu. Ideo ludu egent. Ludunt inter se catuli, equulei, leunculi, ludunt homines labore fracit et aliquid remittunt ut animos reficant. JUL. CAES. BULENGEAUS DE LUDIS VETENUM. GRONOY PHES. T: VII. pag. 906.

„Spielen sagt der unvergleichliche Wieland: ist die erste und einzige Beschäfftigung unserer Kindheit und bleibt uns die angenehmste unser ganzes Leben hindurch. Arbeiten wie ein Lastvieh ist das traurige Loos der niedrigsten, unglücklichsten und zahlreichsten Classe der Sterblichen, aber es ist den Absichten und Wünschen der Natur zuwider.– Die schönsten Künste der Musen sind Spiele und ohne die keuschen Grazien stellen auch die Götter, wie Pindar singt, weder Feste noch Tänze an. Nehmt vom Leben hinweg, was erzwungener Dienst der eisernen Nothwendigkeit ist; was ist in allem übrigen nicht *Spiel?* Die Künstler spielen mit der Natur, die Dichter mit ihrer Einbildungskraft, die Philosophen mit Ideen, die Schönen mit unsern Herzen und die Könige, leider! – mit unsren Köpfen?"

Die Tradition trug sie von jeher in alle Winkel der Welt und es mag schwer seyn, eine nützliche Erfindung, die Verbesserung eines landwirthschaftlichen Instruments, aus einem Lande in das andere zu verpflanzen, als ein Spiel Polynesiens in Deutschland einzuführen. Unsere kleinen Mädchen wissen es nicht, daß ihr Spiel mit fünf Steinchen griechischen,[6] oder wer weiß was für Ursprungs ist; und unsere Knaben nennen das Pflöcken, was die Griechischen Kindalismos hießen. Die Bauern in Ströbke spielen mit denen am Ganges, am Seinde-rud, am Tigris und an den Jökeln von Island *ein* Spiel, ich meine das Schach; und der Lappe mahlt sich Kartenblätter mit Rennthierblut auf Fichtenrinde, weil bey ihnen weder der Pariser noch der Berliner Fabrik ist. Diese Verbreitung durch so lange Zeiten, die so allgemein und oft so schnell geschah, ist eben ein Zeichen des allgemeinen *Bedürfnisses.* War es nicht eben der Fall mit den Kartoffeln? Und wenn auch der heil. Antonin, Erzb. von Florenz an den Würfeln so viel Sünden als Punkt findet[7] und der heil.

---

6 POLLUX lib. IX. cap. 7. auch MERSIUS de ludis Graecor. – Zuerst beschrieben in meinem Spielalmanache Bremen, Wilmauns 1802. S. 90.

7 Quot in taxillis sunt puncta, tot scelera ex eo procedunt.

Bernard dem Abte von Clairvaux die Lehre gab, jeden Bissen Brots mit Thränen zu benetzen, weil der Hauptzweck der Klöster Thränenvergießung sey, über die Sünden des Volks und der Klosterbewohner; so tritt doch ein gewißer Abt Abraham[8] auf die andere Seite und erstreitet sogar den Einsiedlern Zeitvertreibe, trotz ihrer solidesten Pietät und äußersten Pönitenz. Es führt sogar das Beyspiel des heiligen Evang. Johannes an. Ich weiß nicht, aus welcher Legende er das hat, allein er sagt auch nur *on dit*, und gesunder Menschenverstand gilt in jedem Kleide. Seine Worte sind lang, ich will sie abkürzen. Der Evangelist Johannes spielte einst mit einem Rebhune, das er mit seiner Hand streichelte. Da kam ein Mann, ein Jäger von Ansehen, und betrachtete den Evangelisten mit Verwunderung, weil er sich auf eine – nach seiner Idee so unwürdige Art an dem Thierchen belustigte; Naturgeschichte war damals noch nicht Mode. Bist du denn wirklich der Apostel, von dem alle Welt redet und dessen Ruhm mich hier herzog? wie paßt diese Belustigung zu deinem Ruhme? Guter Freund, antwortete der sanfte Johannes, ganz socratisch: Was seh ich da in deiner Hand? – Einen Bogen, erwiederte der Fremdling. Und warum hast du ihn nicht gespannt und immer bereit zum Schuß? – Ey das darf nicht seyn; wäre er immer gespannt, so würde er seine Kraft verlieren und bald untüchtig seyn. Nun so wundre dich den nicht über mich, fuhr Johannes fort; doch meine Leser wissen schon die Anwendung von einem Bogen.

Nascitur ex assiduitate laborum animorum bebetudo quaedam et languor – danda est remissio animis: meliores acrioresque requieti resurgent[9]

---

8 In einer seiner Conferences des Caesien, COLLAT. 24. C. 20.
9 SENECA de tranquill. animi. cap. XV d. i. angehaltene Arbei wird Schwächung und Abstumpfung des Geistes. Gieb ihm Erholung, sie wird Schärfung ihm seyn und Stärkung.

An den Bedürfnissen, oft schon an einem einzigen erkennt man den Charakter des einzelnen Mannes, so wie oft ganzer Nationen; aus der kindlichen Begierde nach Nürnberger Tant blickt der ungebildete, kindische Geist des Negers; der Brantwein, so wie das Fluchen, verrathen den halb oder ganz rohen Menschen; Putz und Schminke den ehemaligen, ewig Cour machenden, Franzosen und die alabasternen Heiligenbilder, die der Spanier aus Nürnberg zieht, verkündigen seinen Aberglauben. Eben so läßt sich aus den Spielen auf den Charakter eines Volkes schließen. Sie sind ein sehr sicherer Probierstein, auf welchem sich, wie beym Silber, der Grad der Roheit und Verfeinerung eines Volkes ziemlich unzweydeutig erkennen läßt. Rohe Nationen lieben in allen Zeiten und Weltgegenden die Spiele des *Krieges* und des *Zufalls* Hasardspiele, deren Abwechslung von dem Bedürfnisse der Bewegung und Ruhe des Körpers geleitet wird. Heftige und gefährliche Bewegungen, die Nachahmungen kriegerischer Vorfälle, wobey man sich zu durchbohren und die Köpfe zu zerschmettern droht, begleitet von einer wilden, harmonielosen Musik bezeichnen in jenen den rohen noch ganz unverfeinerten und ungeschwächten Heldengeist; so wie die Ergebung in die Fügung des blinden Zufalls bey diesen Unaufgelegtheit zum Denken und Mangel an Kultur des Geistes ankündigen, der unter der Binde des Aberglaubens gern in der öden Finsternis des Ungefährs umhertappt, wo er zwischen Furcht und Hoffnung den bösen oder guten Einfluß der Geister erwartet und in dieser Erwartung allein das größte Interesse findet, dessen sein kindischer Geist fähig ist. Die kriegerischen Spiele unserer ältesten Vorfahren, so wie ihr rasender Hang zu Glücksspielen sind bekannt. Vom Gebrauche der Waffen gegen Menschen oder Thiere ermüdet, kehrte man zur Hütte zurück und verschlief die lästige Zeit, oder verspielte sie, wie Habe, Gut und Freyheit mit Würfeln. Durch Ruhe wieder gestärkt, griff man, wenn Noth, Magen oder Tätigkeitstrieb es geboten, wieder zu den Waffen, zum Jagdgewehr, oder begann kriegerische Spiele. Würfel und Waffen warn die Lieblingsspiele der Hunnen, man kannte fast gar keine Gesetze, als die des Hasardspiels. Ganz germanisch lebt man in dem nordamerikanischen Germanien bey den Delawaren und Irokesen; Krieg oder Jagd, Essen oder Schlafen, Hasardspiel oder kriegerische Spiele. Auch hier ist die Spielsucht unersättlich. Pflaumenkerne, die auf der einen Seite schwarz gefärbt, auf der anderen gelb gelassen sind, machen die Würfel. In eine Schüssel gelegt, stößt sie der Spieler gegen den Boden, dem Zufall entgegen, und erwartet leidenschaftlich den Aufschwung und das Niederfallen desselben. Er zählt fünf, wenn er die größte Zahl von der Preisfarbe hat, und gewinnt das Spiel, wenn er achtmal fünf zählt. Ein gewaltiges Geschrey der Zuschauer, das sich bey jedem Wurfe unter des Geprassel der Kerne mischt, verräth ihre lebhafte Theilnahme, so wie die fürchterliche Gesichtsverzerrung der Spielenden und ihr affectvolles Murren gegen die bösen Geister, die Roheit ihres Kopfes, die Ungezähmtheit ihrer Leidenschaften ankündigt. So spielen oft ganz Dörfer, ja ganze Stämme gegen einander. Der Instinkt ruft, man kehrt zur Jagd oder zu bewegenden Spielen, besonders den Tänzen die zur Tagesordnung gehören. Eine Hirschhaut über ein Faß, einen Kessel oder über ein Stück eines hohlen Baumes gespannt, giebt in dumpfen Tönen den Tact an. Die Männer tanzen voran, von ihrem Stampfen erzittert der Boden, von ihrem Geschrey die Luft. Das sittsame Weib folgt mit wenigen Bewegungen sprach- und scherzlos nach. Heldenmäßiger wird der Tanz für Männer allein. Jeder tanzt einzeln mit Kühnheit und Leichtigkeit, seine eigenen, oder die Thaten seiner Vorfahren besingend; indem die herumstehenden mit einem rauhen, zu gleicher Zeit ausgestoßenen Tone das Zeitmaß angeben. Noch fürchterlicher ist der Kriegstanz; die Nachahmung eines allgemeinen kriegerischen Gemetzels. Wem liegen nicht in dem Erzählten die Hauptzüge dieser Nationen unverholen und offen vor Augen? – Laßt uns auf einige Augenblicke den Culturzustand der alten Thracier vergessen; ein artiges Spiel, das bey ihnen gewöhnlich war und von dem Athenaeus[10] Nachricht giebt, wird uns sogleich darauf zurück führen. Man trat auf einen leicht umzuwerfenden Stein, in der Hand eine Sichel. Den Hals steckte man durch eine von der Decke herabhängende Schlinge. Unversehens stieß ein anderer von der Gesellschaft den Stein um: da hing der Arme, der durchs Loos dazu gewählt worden war. Hatte er nicht Gegenwart genug, den Strick sogleich mit der Sichel abzuschneiden, so zappelte er sich, unter dem Gelächter der Zuschauer, zu Tode. Niemand würde mir glauben, wenn ich dieß Spiel den feinen gebildeten Griechen oder nur schon den sanften Otaheiten zueignen wollte; weit wahrscheinlicher könnte ichs nach Neuseeland versetzen; ein Zeichen das Volkscharakter und Volksspiel in sehr naher Verbindung mit einander stehen. Dem Geschichtsforscher, welchem es nicht bloß darauf ankommt, Regenten sondern vielmehr Volksbiographien zu bearbeiten, sollte daher diese verrätherischen Kleinigkeiten nicht entwischen. „Ein aufgeklärter Geist verachtet nichts. Nichts, was den Menschen angeht, nichts was ihn bezeichnet, nichts was die verborgenen Federn und Räder seines Herzens aufdeckt, ist dem Philosophischen unerheblich. Und wo ist der Mensch weniger auf seiner Hut, als wenn er spielt? – Was Plato von der Musik eines jeden Volkes sagt, gilt auch von seinen Spielen; keine Veränderung in diesen – (wie in dieser) die nicht die Vorbedeutung in seinem sittlichen oder politischen Zustande sey!"[11] Ich habe gesagt, Spiele seyen *wichtige* Kleinigkeiten; denn wenn man von der einen Seite aus den Spielen auf den sittlichen und politischen Zustand einer Nation schließen kann; so darf man von einer anderen, aus jener genauen Verbindung, den Schluß machen, daß die Spiele auf den Charakter merklichen Einfluß

---

10 Lib. IV. Nach ihm erzählt MEURSIUS de Ludis Graec. in Gronovs Thesaur. Tom. VII. p. 948.
11 WIELAND in d. Mercur 1781. Febr. Seite 140,

haben werden; darf sie daher zu den Erziehungsmitteln ganzer
Nationen gehören. Es liegt freylich in der Natur der Sache, daß
sie oft nach dem schon stattfindenden Charakter erst gewählt
werden, daß dieser also schon eher da ist, als jene. Dann werden sie ihn wenigsten immer mehr befestigen und ausbilden
helfen. Allein es ist dessen ungeachtet nicht zu leugnen, daß
sie oft vor diesen und jenem Zuge des Charakters da waren und
ihn mit hervorbringen halfen. Es bedarf hierzu oft nur des sehr
zufälligen Beyspiels irgend eines Angesehenen. Gienge irgend
ein König, von Regierungssorgen ermattet, aus dem Kabinette
gewöhnlich auf den Schloßhof und spielte da Ballon oder Ball:
so würden in seiner Residenz der Ballon und Ball bald die Karten verdrängen. Die Provinzialstädte würden bald nachfolgen,
und beyde Spiele würden einen ganz merklichen Einfluß auf
den Charakter und den Gesundheitszustand des Volkes haben;
wenn zumal der Kronprinz nicht verweichlichet würde und
da fortführe, wo sein Vater aufhörte. Am Ende des vierzehnten
Jahrhunderts erfand man das Kartenspiel und führte es zur
Unterhaltung das fast 30 Jahre lang verrückten Königs Carl VI
bey Hofe ein. Die Folgen dieses kleinscheinenden Umstandes
sind schlechterdings nicht zu berechnen. Ganz Europa hat sie
gefühlt und fühlt sie noch; ja sie nagen in gewisser Rücksicht
an den Wurzeln künftiger Generationen. Die Hofluft bließ die
Karten nach und nach über ganz Frankreich, über Spanien,
Italien, über ganz Europa! Die *Karten* waren es, welche nach
und nach die bessern Uebungsspiele verdrängen und die Ver-
weichlichung der Nationen, besonders der vornehmen Klassen,
befördern halfen. Die Proscriptionen der Kriegs- und Jagd-
übungen, der Turniere, des Mail, Ball, und Kugelspiels u. s. w.
waren besonders mit von den Kartenkönigen unterschrieben;
sie halfen stark zur Umwandlung der mannbaren Ritterschaft
in Noblesse, der nervigten Bürger in Muscadins.
Regenten, Gesetzgeber, Philosophen, die den wichtigen Einfluß der Ergötzlichkeiten auf den Volscharakter und auf das

Wohl und Weh der Nation einsahen, hielten von jeher die Spiele ihrer Aufmerksamkeit sehr werth; Lycurg ordnete die Leibesübungen, Gesellschaften und Tänze der Spartaner; Plato die der Bewohner seiner Republik; Kaiser Justinian hob die Hasardspiele auf und setzte Bewegungsspiele an ihre Stelle[12]. Carl der Große und Ludwig der Heilige gaben Spielgesetze; Carl V. von Frankreich verbot alle Hasardspiele und empfahl Bewegungsspiele und Uebungen[13]; Peter der Große nahm sich der Volksbelustigungen an, um sein Volk geselliger zu machen u. s. w. kurz man könnte mit solchen Befehlen einen guten Quartanten anfüllen und wenn man auch die unendliche Menge, die von Concilien und Synoden gegeben wurden, übergienge. Oft waren die Befehle unbilliger Könige wie die Axt des Holzspalters, sie zersplitterten ganze Länder; haben sie aber je die Kartenkönige ganz bezwingen können? Oft trugen sie Aufruhr in benachbarte Staaten; aber brachten sie je die Unterthanen der Kartenkönige zur Rebellion? Geh in Städte, in Gesellschaften in Familien, wo der Geist des Glücks- und der Kartenspiele

---

12 Sie waren: das Springen, das Stockspringen, der Wurfspieß, doch ohne Spitze, das Wettrennen zu Pferde, und das Bingen,

13 Voulons et ordonnons qne nos sujets apprennent et entendent à apprendre les jeux et ebattemens à eux exerciter et habileter au faig de trait d'arc ou d'arbalete en beaux lieux et places convenables à ce, en villes et terroirs: fassent leur don de prix au mieux traiant et leurs fétes de joues pour ce, si comme bon leur semblera. In seiner Ordonnance de 1369. Bey uns hat der Geist der Industrie schon angefangen, über die bürgerlichen Scheibenschießen Bemerkungen anzustellen. Unter dem Volke möchte ich leben, das nur wie ein Lastvieh arbeitet und bürgerliche Freuden nicht kennt. Sein Geist verschrumpft und wird in sich gekehrt so wie seine Hände und Finger; Magen und Geldbeutel werden seine Abgötter, Eigenliebe wird bey ihm die Nächstenliebe bald ganz verdrängen; denn das schönste Band, das den Bürger an Bürger festhält, die öffentliche Bürgerfreude, ist zerrissen. Kurz, wenn man Armuth durch Aufopferung der Volksfreuden abkaufen will, so ist der Verlust größer als der Gewinn. O, es giebt ganz andere Seiten im Verhältnisse der Staatsökonomie zur Oekonomie des Bürgers, wo man Verbesserungen machen könnte!

herrschend ist, und untersuch die dasige Denkungsart, so wie den wirtschaftlichen und körperlichen Zustand: der Satz: *an den Spielen sollst du sie erkennen*, wird sich bewährt finden. Dieß bleiche, gramvolle Gesicht hat Spadille entfärbt; diese Zerstreuung hat Basta verursacht; Basta gällts in den Ohren des Schreibers, da liegt die Feder; Basta in denen des Richters, da liegen die Acten u. s. w. – Vom Lotto will ich nichts erzählen, dieß sey die Sache der Pfänder in den Leihhäusern. Schade, ewig Schade! daß meine Spiele nie Finanzsache werden können, dann machte ich damit Cour: sie erhielten allen möglichen Vorschub und bewirkten dann wahrscheinlich ein Plus von Gesundheit und Stärke, daß leicht so groß wäre, al das Minus im Beutel beym Lotto. Doch genug – hier nur Winke; die Materie, betreffend den sittlichen und politischen Werth der Spiele, erschöpft kaum ein ganzes Buch.

Können die Spiele auf ganze Nationen wirken und in ihrem Zustande eine merkliche Veränderung hervorbringen, so sind die auch ein *Erziehungsmittel für die Jugend*, und ich getraue mir, wenn auch die Erziehung nach den neuesten Hannöverschen Entdeckungen weder Wissenschaft noch Kunst, sondern wer weiß was ist, aus zwey Knaben von völlig gleichen Anlagen, durch entgegengesetzte Behandlung in Spielen, zwey, in Rücksicht ihres körperlichen und geistigen Zustandes, ganz verschiedene Geschöpfe zu machen. Oder läßt sichs denn von vornher so schwer einsehen, daß ein Knaben, den man zehn Jahre hindurch in vernünftiger Abwechslung zwischen *geistigem Ernste* und *körperlichen Scherze*, ich meine zwischen geistiger Ausbildung und gesunden körperlichen Uebungen und Spielen erhält, daß ein solcher Knabe weit besser gedeihen müsse, als wenn man ihn bey derselben Bildung seines Geistes in Karten und Würfeln Erholung finden läßt? So lange man mir nicht das Gegenteil darthun kann, halte ich diese Tändeleyen für Sachen von pädagogischer Wichtigkeit. Ich muß hier einiges über den pädagogischen Nutzen und die Nothwendigkeit der Spiele sagen.

Wenn das größte Geheimniß der Erziehung darin besteht, daß die Uebungen des Geistes und Körpers sich gegenseitig zur Erholung dienen: so sind Spiele, besonders Bewegungsspiele, so wie Leibesübungen überhaupt, unentbehrliche Sachen. Stünde dieser Satz auch nicht im Emil, so würde ihn ja schon jeder Schulknabe verkündigen, wenn er nach der Lection de Bücher wegwirft. Dergleichen allgemein von der Jugend geäußerte Trieb beweisen so scharf als das schärfste Vernunftschließen. Allein es giebt dessen ungeachtet Leute, die auf obigen Satz durchaus nicht Rücksicht nehmen. Aber sagen sie mit Cicero: ad severitatem potius et ad studia quaedam graviora atque majora facti sumus.

Ich bin selbst herzlich davon überzeugt, glaube aber, daß es für Jung und Alt kein ernsteres Studium nach der Geistesbildung geben könne, als das, was auf Gesundheit, Ausbildung des Körpers und Heiterkeit des Geistes hinzielt; weil ohne diese die Geistesbildung wenig nützt, sondern als ein todtes Kapitel da liegt, an dem der Rost nagt. Und wer wirklich der Meynung ist, daß man die Stunden, wo es mit ernster Anstrengung des Geistes nicht mehr fort will, stets zu irgend etwas Nützlichem z. B. zum Zeichnen, Clavierspielen, zum Ordnen der Insecten und Mineralien u. dergl. anwenden müsse, der hat von der Oekonomie, sowohl des jugendlichen als erwachsenen, menschlichen Körpers keine richtige Vorstellung, er weiß das Nützliche nicht gegen das Nützlichere gehörig abzuwägen, er zieht den Mond der Sonne vor, weil er so sanft ist und das Oel der Gassenerleuchtung erspart. es ist freylich sehr gut möglich, alles eigentliche Spiel gänzlich zu vermeiden und sich durch bloße Abwechslung zwischen ernstlicher Anstrengung des Geistes und jenen spielenden Beschäftigungen hinzuhalten, allein ich glaube nicht, daß sich auf diese Art, besonders bey der Jugend, eine gewisse weibische Weichlichkeit, Unthätigkeit und Schlaffheit des Körpers vermeiden lasse. Kurz man beweise erst streng und redlich, daß die Bildung *des Körpers eine Posse sey,* die für uns nichts werth

ist; daß unser Geist des Körpers nicht bedürfe; das dieser auf
unsre Thätigkeit, auf unsern Charakter und auf Belebung oder
Erstickung des göttlichen Funkens, der in uns glimmt, gar keinen Einfluß habe: wenn das gethan, die Forderungen der Natur, der größten Aerzte und der denkendsten Männer widerlegt
haben wird; dann will ich schweigen und einsehen lernen, daß
ich Thorheit gepredigt habe; dann will ich gern behaupten, daß
man die Zeit der Erholung wohl edler als zu Spielen und Leibesübungen verwenden könne. Kann man das aber nicht, so will
ich nicht bloß Aerzte und Denker sondern sogar die Heiligen
zu Hülfe rufen und mit Franz von Sales[14] behaupten: „qu'il est
force de relacher quelque fois notre ésprit et notre corpus encore
à quelque sorte de recreation; et que c'est un vice sans doute que
d'être si rigoureux, agreste et sauvage qu'on n'en veille prendre
aucune sur soi, ni en permettre aux autres.

Sollten sie aber junge oder alte Gelehrte und Jugendbilder ein
Scandal darin finden, mit der Jugend zu spielen; so verweise ich
sie auf Heraclit, der am Dianen Tempel zu Ephesus die Knaben-
spiele als Mitspieler ordnete; auf Socrates wie er mit der Jugend
spielt, auf Scaevola, Julius Caesar und Octavius die studiosissi-
me Ball spielten, auf Cosmus von Medicis, der seinen kleinen
Enkel auf öffentlichen Platze die Pfeife verbesserte, auf Gustav
Adolph, der mit seinen Officieren Blindekuh und trefflich Ball
spielte; Newton bließ Seifenblasen, Leipnitz spielte mit dem
Grillenspiele und Wallis beschäfftigte sich mit dem Nürnberger Tant. Nur durch eine unbegreifliche Folgefalscheit ist es
möglich Billard, die Kugelbahn und die Karten in öffentlichen
Häusern für wohlanständig, öffentliches Spielen mit Kindern
für unanständig zu halten.

2. *Langweile* ist eins der drükendsten Uebel, sie macht, wie manche Krankheit, aus dem Patienten ein unleidliches Geschöpf.

---

14 St. Francois de Sales sogar in seiner Introduction à la vie devote part III.
    eh. 3.

Die Jugend, welche in der Vergangenheit noch wenig Stoff zur Unterhaltung findet, in die Zukunft wenig oder gar nicht hinsieht, sondern fast immer nur für den gegenwärtigen Augenblick empfindet, denkt und handelt, leidet auch öfter und gewöhnlicher an dieser Krankheit, als der gebildete Mann. Die Vergangenheit und Zukunft nehmen ihn in ihre Mitte und machen Gesellschaft mit ihm, und wenn jene ihn mit Leiden und Freuden und ihren Ursachen unterhalten hat: so giebt ihm diese Stoff zu Berechnungen, Plänen, Luftschlössern und Sorgen, bis die unverdrängliche Gegenwart das Wort nimmt und befehlsweise von dem spricht, was jetzt zu lassen und zu thun sey. So fehlen der Jugend zwey Gesellschafter, denen an Unterhaltung nichts gleich kommt. Wer anders soll sie ersetzen als ihre erwachsenen Freunde; von ihnen erwartet sie Stoff zur Tätigkeit, bald durch ernste Beschäfftigungen, bald durch Spiel.

3) Arbeiten, ernste Beschäfftigungen und Umgang mit Erwachsenen sind *künstliche* Rollen der Jugend, in welchen sie auf dem großen Schauplatze allmählig debitirt; Spiele sind natürliche Rollen derselben in ihrem jugendlichen Paradise. Dort erscheint sie im verstellenden Bühnengewande, hier in klarer Nacktheit; daher ists dort oft schwer, hier immer leicht ihren wahren Charakter zu erkennen. Selbst die Neigung zur künftigen Lebensart scheint hier und dort beym Spiele durch.

4) Gleichgültigkeit gegen alles Wissenschaftliche ist dem Erzieher in seinem Zöglinge ein Fehler, der alle seine Geduld auf die Probe stellt. Er arbeitet an einem Bäumchen, das weder Blüthe noch Frucht verspricht; er sieht am Ende keine Folge von dem, was er gethan hat; seine Gehülfin, die natürliche Wißbegierde der Jugend, ist abwesend. Er verliert bald alle Hoffnung, weil er den Grund dieser Gleichgültigkeit im Temperamente des Kindes zu finden glaubt. Er lasse es spielen; ist es hierbey theilnehmend, eifrig und thätig: so liegt die Schuld der Gleichgültigkeit

nicht im Kinde, sondern in einer Veranlassung von außen her. Aber auch selbst dann, wenn es von der Natur Opium erhielt, müßte sich, dächte ich, durch Spiele, besonders durch Bewegungsspiele, viel ausrichten lassen.

5) Es giebt eine gewisse Empfindlichkeit, die es macht, daß wir leicht jede Kleinigkeit übel nehmen und dieß sogleich durch unser Betragen äußern. Wie schlecht man damit in Gesellschaften fortkomme ist bekannt; wer faßt ein Gefäß gern an, das gleich zerbersten will, wenn man es berührt. Es giebt Leute, die aus Unempfindlichkeit und gutem Humor Jedermann gern zum Ball dienen, und in das Gelächter über sich mit einstimmen. Geschieht dieß aus Mangel an Delikatesse, oder vermöge einer gewissen Stumpfheit, so ist es zwar ein bedeutender Fehler; aber ein größerer, wenigstens weit unerträglicher, ist jene Empfindlichkeit. Jener Unempfindlichere befindet sich überall wohl und seine Gesellschaft sieht ihn immer gern; er heißt ein Mann, mit dem es sich gut auskommen läßt, der nichts übel nimmt; dieser, der übertrieben Empfindliche, leidet bey jedem kleinen Anlasse; die Züge des Mißvergnügens und der Bestürtzung drücken sich schon auf sein Gesicht, wenn er es wegen eines kleinen Versehens, wegen einer kleinen Ungeschicklichkeit und dergleichen nur im mindesten belächelt wird, es ist ihm unmöglich, dieß zurückzuhalten und eben dadurch wird er unangenehm. Diese Art von Empfindlichkeit abzustumpfen, das Auslachen im gehörigen Falle mit einer gewissen männlichen Fassung und Freymüthigkeit ertragen zu lernen, dazu sind manche Spieler sehr gut. Sie gewöhnen sich durch Spaß und Ernst; lernt man das Necken und Belachen erst in der scherzenden Spielwelt ertragen, so übernimmt man es auch mit mehr Leichtigkeit in der ernstlichen Welt. Hat jener Fehler seinen Grund in einer zu großen Reizbarkeit der Nerven, folglich im Körper, so können Leibesübungen, folglich auch bewegende Spielen im Freyn, durch ihren Einfluß auf jenen ihn oft ganz wegschaffen, wenigstens vermindern; entstand er durch eine

zu zärtliche und zu isolirte Erziehung, wobey sich jedes Kind leicht an eine gewisse, bestimmte Behandlung gewöhnt und jede andere sehr übel findet, und aufnimmt: so ist das Spiel das vortrefflichste und sichtbar wirksamste Mittel. Dieser Fehler weicht nicht der vernünftigen Vorstellung der Ueberredung, sondern bloß der Uebung und Erfahrung. Knaben der Art müssen häufig aufgezogen, belacht, über ihre Empfindlichkeit besonders *ihres Gleichen* getadelt und geneckt werden; nicht vorsetzlich, aber wohl durch den natürlichen Anlaß des Spiels.

6) Um die Herzen der Kinder zu gewinnen, spiele man mit ihnen; der immer ernste, ermahnende Ton kann wohl Hochachtung und Ehrfurcht erwecken, aber nicht so leicht das Herz für natürliche, unbefangene Freundschaft und Offenherzigkeit aufschließen. Am offensten ist man immer nur gegen seines Gleichen; die eigenthümliche Gesinnung der ältern und der höhern Classe machen uns zurückhaltender, darum gesellt sich Gleich so gern zu Gleichem. Durch Spiele *nähert* sich der Erzieher der Jugend, sie öffnet ihm ihr Herz um so mehr, je näher er kommt, sie handelt freyer, wenn sie in ihm den Gespielen erblickt, und er findet Gelegenheit zu Erinnerungen, die beym Studiren nicht veranlasst werden würden. Ueberdem aber sind Erinnerungen um so fruchtbringender, je gleicher an Alter und Stande der uns ist, welcher sie giebt. Wir hören dann in ihm die Stimme unserer eigenen ganzen Classe. Darum bessert die Ermahnung, die ein Zögling dem andern im Stillen und im Bunde der Freundschaft und Gleichheit giebt, gewöhnlich mehr, als die des Lehrers: im Munde des letztern klingt sie zu erwachsen, zu alt, in dem des andern eben jung genug, um befolgt zu werden.

7) Spiele bilden auf die mannichfaltigste Art den Gang des menschlichen Lebens mit einer Lebhaftigkeit im Kleinen nach, die sich auf keinem andern Wege, durch keine andere

Beschäfftigung und Lage der Jugend erreichen läßt. Den nirgends ist die Jugend in ihren Handlungen, in ihrem ganzen Betragen so wenig von Seiten der Erwachsenen beschränkt, nirgends handelt sie daher natürlicher, freyer und dem Gange des menschlichen Lebens gleichlautender, als hier. Hier ist eine kleine Beleidigung, Uebertreibung, Unbilligkeit, Prahlerey, Ueberlistung, die Fehlschlagung einer Hoffnung, ein unangenehmer Charakter, ein langsamer Kopf, ein Pinsel, ein Geck, eine Ueberlegenheit an Geistes- und Körperkräften zu ertragen; hier ist Anlaß zum Schmerz und Kummer, so wie zur Freude und Fröhlichkeit; hier ist Gelegenheit zur Schätzung der Gefälligkeit, Geschicklichkeit, Güte u. s. w. im Nebenmenschen. Der junge Mensch wird abgerieben, wie ein Kiesel im Bach; immer besser geschieht es früher als spät, nur sey der Strom nicht ganz verdorben und modrig. Eltern, die ihr eure Kinder eyländlich im kleinen häuslichen Kreise erzieht und sie von der übrigen Kinderwelt zurückhaltet, eure Meynung ist gut, aber euer Erziehungsplan gewiß sehr übel berechnet; ihr seyd in Gefahr eigensinnige, unduldsame, unerfahrne, und zu empfindliche Nachkömmlinge zu haben.

8) Spiele verbreiten im jugendlichen Kreise Heiterkeit und Freude, Lust und Gelächter. Wären alle Menschen stets lustig und vergnügt, sicher wurde nicht so viel Böses geschehen. Mürrische Laune ist nicht die Stifterin des Guten und Angenehmen; ja schon ein stets ernsthafter Charakter ist weniger moralisch vollkommen, als der aus Ernste und Scherz lieblich gemischte, bey gleicher Herzensreinigkeit. Die Anlage von allen dreyen wird angeboren, aber die Ausbildung liegt in Erziehung und in erziehenden Umständen. Immer bleibt es doch rathsam, die Jugend in einem heitern, fröhlichen Tone zu erhalten und selbst Spiele zur Beförderung desselben in die Erziehung aufzunehmen. Jemehr die Jugend, jedoch von eigentlichem Leichtsinne entfernt, scherzt und lacht, je mehr man ihr Platz läßt, sich in

ihrer natürlichen, liebenswürdigen Offenheit zu zeigen, um so mehr entfernt man sie von stiller trauriger Verschlossenheit, die nirgends angenehm ist; weil sie selbst bey der reinsten Sittlichkeit Mißtrauen einflößt; kurz um desto besser gedeihet sie an Leib und Seele. Der heil. Bernard, den ich schon oben anführte, soll ebenso wenig Erzieher seyn, als der heil. Basilius, der das Lachen aller fidelen Christen für unerlaubt hielt, und damit die Zahl voll werde, die heil. Gorgonie nicht Erzieherin, weil sie alles Lachen verabscheute und selbst das Lächeln als eine Ausschweifung betrachtete.[15] „Jemehr sie zum Lachen reizten" sagt Basedow von den Spielen,[16] desto zweckmäßiger sind sie. Ich wollte, daß auch die Erwachsenen, so wohl unter der geringern als vornehmern Ständen mehr scherzten und lachten, als geschiehet. – Das Lachen ist eine menschliche Handlung, sowohl Leib als auch Seele übt und stärkt, und muß also ihre Zeit haben, was auch die blödsinnigen und gallsüchtigen Andächtler davon sagen mögen. „ Er giebt sogar einem Verleger den Rath, ein Werk von 4 bis sechs Alphabeten unter dem Titel: die *unschuldigen Lacher* zu übernehmen.

9) Spiele sind nöthig zur Erhaltung der Gesundheit, zur Stärkung, Uebung, Abhärtung des jugendlichen Körpers. Daß hier weder von Karten noch Würfeln und Hasardspielen die Rede sey, sondern einzig von Bewegungsspielen im Freyen, versteht sich von selbst. Ich habe sehr vielfältig und lange Gelegenheit gehabt, den Einfluß dieser Spiele, so wie der Leibesübungen überhaupt, auf manchen Verweichlichten, Fruchtsamen, körperlich Bequemen, Unthätigen und Ungeschickten zu beobachten und ihn immer vortrefflich gefunden. Da ich hierüber

---

15 Ihr Bruder Gregorius nazianz. lobpreist sieh deshalb in seiner Leichenrede.
16 Elementarbuch 1. S. 62,

schon vieles in meinem Buche über Leibesübungen[17] gesagt
habe: so fällt hier alle weitere Auseinandersetzung weg.

Dieß sey genug über den Nutzen der Spiele. Sie haben auch ihre
Nachteile, das ist nicht ganz zu leugnen. Plato meint, es sey
nichts schädlicher, als den Kindern vielerley Spiele zu geben,
weil sie dadurch flatterhaft, zum Ueberdrusse und zur Begierde nach Neuerungen gewöhnt werden. Ich habe das Original
nicht bey der Hand[18] die Rede scheint mir vielmehr von *Spiel-
zeugen* zu seyn. Dann ists wahrer[19]. Es ist indeß nicht nöthig
nach Griechenland zu gehen; ich habe selbst Gelegenheit genug gehabt den Einfluß der Spiele auf eine Kindergesellschaft
zu beobachten, die übermäßig groß genug ist, um ihn zu verrathen; denn eben durch die Größe einer solchen bey einander
lebenden Gesellschaft wird der Einfluß des Spiels verstärkt. Ich
habe bemerkt, daß bey weiten nicht alle, sondern nur manche
Kinder flatterhaft dadurch werden, dann mehr ans Spiel als an
die Arbeit denken und in eine etwas zu muthwillige Stimmung
gerathen. Dieß sind jedoch gewöhnlich nur solche Knaben, deren Lebhaftigkeit oft leicht bis an Wildheit hervorbringt. Am
auffallendsten zeigt sich dieß im Frühlinge, zur Zeit wann alle
Geschöpfe in eine gewisse freudige Rebellion verfallen, zur Zeit
wann Frankreich die Väter einer gewissen Congregation, die
sich vorzüglich mit Unterricht beschäffigte, bey ihren Schul-
vifitationen der Rectoren zuriefen: „Voila un tems orageux qui

---

17 Gymnastik für die Jugend, enthaltend eine praktische Anweisung zu
    Leibesübungen. Ein Beytrag zur nöthigsten Verbesserung der Erzie-
    hung. Schnepfenthal in der Buchhandlung der Erziehungsanstalt. 1793.
    697 S. 8. mit Kupfern und Rissen, 3 Rthl.
18 Sondern nur Hochheimers System der griechischen Pädagogik I. S. 125.
19 Auch Locke erklärt sich ganz dagegen in seinem 19ten Abschnitte, und
    zwar so vortrefflich, daß ich solche Eltern bitte, diese Stelle zu beherzi-
    gen, welche ihre Kleinen aus Liebe mit allerley Spielsachen gleichsam
    überschütten. Solche Sachen sollten sich die Kinder selbst machen.

s›leve; vos écoliers vont devenir intraitables: mettez vous donc fur vos gardes, armez vos bras doublez les châtiments!"

Es ist nicht bloß wahrscheinlich, daß die Jahreszeit dann mehr thut als das Spiel; eigene Beobachtungen überzeugen hier am besten.

Sollte denn die Jugend allein kalt bleiben, wann die Natur an der Wiedergeburt aller Geschöpfe arbeitet und alle Säfte in Wallung gerathen? – Indeß wenn wir auch nichts auf die Jahreszeit, alles auf die Spiele schieben, so wird ein verständiger Kinderfreund jene Flatterhaftigkeit theils durch Vorstellungen, theils durch Methode zu mäßigen willen; und überdem bleibt es auch eine sehr wahre Bemerkung, daß solche lebendige Kinder häufig nur an die größte Aufmerksamkeit zum Unterrichte mitbringen, wann ihre Körper durch Bewegung bis zu einem gewissen Grade ermüdet ist.

Spiele nehmen der Jugend die Luft zu arbeiten, sie sehnen sich nach dem Spiele und vernachlässigen die Arbeit. Das ist nicht zu leugnen. Nur ein sehr kleiner Menschentheil arbeitet aus dem wahren Grundsatze der Vervollkommnung und Stiftung des Guten um sich her; könnte die andern ihren Magen beyseite legen, auf ihrer Oberfläche, wie Schafe, die Kleidung reproduciren und in selbst gewachsenen Häusern wohnen: sie arbeiteten wahrhaftig nichts, sondern amusirten sich nur wenn auch dem Menschen Thätigkeit angeboren wurde, so liebte er doch nicht gleich die, welche mit trockner Anstrengung verbunden ist, sondern nur die, welche ihm Vergnügen macht; jene gewinnt er nur erst allenfalls durch *Gewohnheit* und *Geläufigkeit* (Rutine) blieb. Wenn *Grundsatz* und *Nothwendigkeit* die einzigen Triebfedern sind, die Hand und Kopf der Menschen in Action setzen, so gehören sie auch *beyde* in den Plan der Jugenderziehung, weil wir für diese Welt erziehen. Es ist daher nicht genug, jenen Grundsatz der Vervollkommnung einzuprägen, sondern auch bare Nothwendigkeit halte den Arbeitsplan für die Jugend aufrecht, bleibe, so lange es seyn muß, der Spron ihrer Thätigkeit, bis *Geläufigkeit* und *Liebe* zu besorgen entsteht. Man hat von Spielen nichts zu besorgen bey Kindern und Jünglingen, die von der Heiligkeit jenes Grundsatzes überzeugt sind, nichts bey solchen, deren Arbeitsplan nach unabänderlichen Gesetzen feststeht, bey denen es Gesetz ist: *erst Arbeit, dann Spiel*. Aus dem Bisherigen ergiebt sich ganz deutlich, daß der Grund der Arbeitsscheue nicht sowohl in den Spielen, sondern in einem Fehler der Erziehung liegt, der sich auf einen Berechnungsfehler der natürlichen Thätigkeit gründet.

Man hat sehr üble Gewohnheit, Kinder durchs Spiel zur Abreit zu reizen: wenn du recht fleißig bist, sollst du auch spielen!

„Um der Spiele willen sich anzustrengen, sagt dagegen so gut ein ehrwürdiger Alter: und zu arbeiten, ist thöricht und kindisch; aber spielen, um zu arbeiten, ist recht.»[20] Es ist unpädagogisch und unverantwortlich, der Jugend den Zweck der Arbeit auf solche Art zu verrücken.

Was den Muthwillen beym Spiele selbst betrifft, so muß die Gegenwart des Erziehers so viel Gewicht haben, ihn gehörig nieder zu drücken. Endlich aber bleibt es ja immer noch ein sehr natürliches Mittel, jedem Kinde, das, veranlaßt durch Spiele, in jene Fehler verfällt, anzudeuten: du kannst nicht mitspielen, weil das Spiel einen nachtheiligen Einfluß auf dich hat; suche des Spiels Herr zu seyn, dann nur sollst du spielen u. s. w.

Es giebt mehrere Arten von Spielen, *Sitzende*[21] *Bewegende, Instructive, Gesellschaftsspiele, Karten- Würfel- und Hasard-Spiele. Welche Spiele sind am besten? welche soll man vorzüglich spielen?*

Ich bin weit davon entfernt, die eigentlich sitzenden, nämlich *Würfel-* und *Hasardspiele* zu befördern, daß es vielmehr bey diesem Buche eine meiner Hauptabsichten ist, den Geschmack an

---

20 Aristot. Eth. X.7.
21 Spiele sitzen freylich nicht, so wenigbals Lebensart sitzt, und doch sagt man SITZENDE LEBENSART. SITZSPIELE wäre freylich besser, ist aber ungewöhnlich.

denselben, aus den jugendlichen Zirkeln verdrängen zu helfen. Diese abscheulichen Spiele, die weder für Körper noch Geist etwas leisten, sondern für beyde gleich schädlich sind, gehören entweder auf die unterste Stufe der Menschheit, in die Hände des rohen Wilden, der nicht denken kann; oder nicht denken mag, sondern nur leidend sich vom Zufall kitzeln läßt. Beydes soll die gutgezogene Jugend nicht seyn, sie müsse also beyderley Spiele gar nicht kennen lernen. Auch die besten Kartenspiele gehören nicht in den Bildungsplan der Jugend. Wenn sie auf der einen Seite dem Manne, dessen Kräfte den Tag über die Handarbeiten zerbrachen, am Abend nicht ganz entreißen möchte, ob sich gleich weit bessere Spiele an ihre Stelle setzen ließen: so bleiben sie doch auf der anderen Seite für alle die, welche nicht mit ihm im Falle des Handarbeitend sind, verwerflich. Der Lydische König Atys war nach Herodot der Erfinder der meisten altgriechischen Spiele. Sein Land kam in unabwendbare Hungersnoth: Noth weckt jede Kraft, beym ihm die Erfindungskraft; so erhielten die Spiele einen majestätischen Ursprung. Er verkürzte durch sie seinem Völkchen die Zeit, welche es beym Hungern natürlicher Weise sehr langweilig finden mußte. Er theilte es in zwey Theile; der erste al heute, indeß er andere spielte; morgen wars umgekehrt. Jedermann wird mit diesem Zuge eines königlichen Kopfes zufrieden seyn; wer wird aber nicht lachen, wenn er zugleich vernimmt, daß Atys auch Bewegungsspiele z. E. das Ballspiel vernehmen ließ, das wohl bequem ist, den Hunger zu erregen, aber nicht zu stillen. Im Grunde ist doch diese Albernheit noch nicht so groß, als eine ähnliche, die von den kultivirtesten Classen der Europäer begangen wird, welche wohl einsichtsvoller seyn sollten, als weyland König Atys zwey und ein halb Jahrhundert vor dem Trojanischen Kriege? Was würde denn wohl dieser sagen, wenn er von ihm hörte, daß sie sich nach sitzenden Kopfarbeiten, an sitzenden, den Kopf eben so sehr angreifenden und die fatalsten Leidenschaften erregenden Spielen erholen wollen; daß sie in ihren Spieltischen stundenlang, halb stumm, wie angenagelt zubringen. Weh dir o Jugend, wenn du dich nach dieser lächerlichen Sitte richtest; es wäre fast besser, du spielest unter König Atys lieber bis zum Hungerstode, als hier bis zur Verderbung deines noch gesunden Geistes und Körpers. Im Charakter einer Nation müßte es für jeden Verständigen ein sehr schäzenswerther Zug seyn, wenn sie jene Spiele, wo nicht durchaus verschmähete, doch weit minder begünstigte, als gesunde *Uebungs-* und andere unschuldige Spiele. Wie schlecht kleidet es Herkules, wenn er das Symbol seiner Stärke, die Keule verwirft, das Spiel seiner rüstigen Muskeln hemmt und weibisch am Spinnrocken tändelt. Ihm gleichen die sogenannten edlern Volksclassen, die, ursprünglich stark und tapfer, im Schoße der Weichlichkeit ihre Kräfte, so wie ihre Waffen, verrosten ließen. Sitzende, besonders Karten- und Hasardspiele haben hierauf seit langer Zeit einen unglaublichen Einfluß gehabt. Ich entlasse sie hier auf immer, indem ich ihnen zum Abschiede den Vers in den Mund lege.

„Initio furiis ego sum tribus addita quarta." Jetzt bleiben uns, in Rücksicht der obigen Frage, noch eine ganze Menge verschiedenartiger Spiele übrig. Manche von ihnen sind vorzüglich auf Uebung des Körpers, andere auf Uebung des Geistes, entweder ganz allein bey völliger Ruhe des Körpers abgezweckt, oder sie lassen bald mehr bald weniger Bewegung des Körpers zu. Die Entscheidung jener Fragen wird sich am besten aus dem Zwecke des Spielens überhaupt ergeben. Warum spielt man? Der Zecks ist immer

a) Unterhaltung gegen Langeweile oder
b) Gewinn oder
c) Erholung von Arbeit.

a) Wer lange Weile empfindet, sucht sich zu unterhalten. Hat er bloß diesen einzigen Zweck, so sind alle Arten der Spiele gleich gut, für die sein Geschmack, im Vertrage mit Zeit und Ort, entscheidet. Hier ist mithin gar kein Maßstab zur allgemeinen Entscheidung. Ueberdem aber gehöret Langeweile nicht in das Leben des thätigen Menschen und eben so wenig in die Erziehung.

b) Vom *Gewinn* ist hier eben so wenig die Rede als von Eroberung der Haselnüsse und Mandeln; aber der Gewinn an Geistesvervollkommnung an Bildung und Stärkung des Körpers kommt hier schon in mehr Betrachtung; denn das Leben ist kurz und die Reihe der Glieder in der Kette der Ausbildung lang. Allein zur Entscheidung der obigen Frage kann dieß wenig beytragen, denn alle an sich gute Spiele, sowohl die sitzenden als bewegenden, gewähren diesen Vortheil und für die Anwendung der verschiedenen Spielarten wird dadurch nichts entschieden.

c) Erholung ist der rechtmäßige Zweck bey allem Spiel. Nach ihm wird die Entscheidung der obigen Frage äußerst leicht. Erholung ist Bedürfniß, so wie Schlaf. Sie gründet sich immer auf *Abwechselung* der Beschäfftigten. Diese sind hauptsächlich von zweyerley Art geistig und körperlich. Wäre der menschlichen Natur, besonders der Jugend, stets ernste Beschäfftigung erträglich: so würde in der Abwechselung geistiger und körperlicher Arbeiten schon die vollkommenste Erholung liegen. Allein sie will auch Abwechselung zwischen *Ernst* und *Scherz*, weil hierdurch die *Erholung* zu einem weit *höhern* Grade gesteigert wird. Aus diesem natürlichen Gesetze der Abwechslung fließt die Beantwortung der obigen Fragen: alle Spielarten, sowohl die sitzenden als bewegenden, sind an sich *gleich gut*, so wie ich dieß auch schon aus a und b ergab. Ihre Anwendung beruht auf den vorhergegangenen ernsten Beschäfftigungen; *waren diese gesitig, so sey das Spiel körperlich und so umgekehrt.* Dieser Grundsatz ist so einleuchtend, daß sich schwerlich etwas Gründliches dagegen einwenden läßt. *Sitzende* Spiele gehören folglich hauptsächlich nur denen zu, die wenig mit dem Geiste, alles mit dem Körper unter viel Bewegung arbeiten; *bewegende* dem ruhigen, sitzenden Handarbeiten, so wie dem Freunde der

Wissenschaften und Künste. Aber Dank sey es unserer wider-
natürlichen Lebensart unsre Gelehrten, Künstler, unsre Vornehmen, kurz die, welche in China lange Nägel tragen würden,
spielen wie Krieger, Fechter und Pflüger; vom Schreibtische
gehts zum Schach, aus dem Kabinette oder vom langen Gast-
male zur Karte.

Die geistige Ausbildung bleibt bey der Erziehung das Hauptwerk, weil der Geist eigentlich den Menschen macht. Man habe
Nachsicht mit diesem sehr bekannten aber hier sehr brauchba-
rem Gedanken. Muß man die Wahrheit desselben anerkennen,
so sollte geistige Ausbildung nach Maßgabe des zu bildenden
Gegenstandes, immer Ernst getrieben, nie zum Spiele gemacht
werden, um dadurch Erholung für Arbeiten des Geistes zu verschaffen: einmal, weil diese Erholung nicht ächt ist, zweytens
weil man dadurch aus der natürlichen Ordnung heraus tritt
und dem Körper in seine Rechte fällt; je weniger dieser aber
noch ausgebildet ist, um desto mehr sollte man auf seine Rechte halten. Bewegende Spiele sind folglich für die Jugend zur Erholung ihres noch schwachen Geistes die zweckmäßigsten und
vorzüglichsten. Allein dieser an sich wahre Satz leidet doch sehr
häufige Ausnahmen, die durch Zeit, Ort und Umstände veranlaßt werden. Die Jugend sitzt nicht immer, sie hat oft Tag über
hinlängliche Bewegung gehabt, Zeit und Ort verbieten Bewegungsspiele, dann sind alle anderen zweckmäßig.

Man findet in diesem Buche eine große Menge Spiele; eine noch
größere habe ich verworfen. Ich bin meinen Lesern Rechenschaft schuldig; diese will ich jetzt geben, indem ich meine Gedanken über die nöthigen Eigenschaften der Spiele überhaupt
darlege.

Wir überlassen den frivolen Gesellschaften der erwachsenen
alle Spiele, die mit Zweydeutigkeiten, Anspielungen auf Liebe,
Küsse u. s. w. gewürzt sind. Die Jugend spiele nur *unschuldig*
nichts schmückt sie so sehr, als Unschuld. Kein Spiel für sie
sey *unehrbar*, führe etwas *Unsittliches* mit sich; doch setzte ich

hinzu, daß in meiner Moral für Kinder Lachen, Lermen, lautes Rufen, Laufen und Springen am rechten Orte und zur rechten Zeit, nicht zu den Unsittlichkeiten gehören.

Kein Spiel enthalte etwas gegen das Gefühl des *Edlen* und *Schönen*, wenn es auch nicht zur Verstärkung dieses Gefühls beyträgt. Ich hoffe man soll hier kein Spiel der Art finden. Hinein tragen kann man freylich jede Unsittlichkeit, das wird nicht meine Schuld seyn, sondern die des Tones der Gesellschaft. Knaben spielen oft Dieb, sie verurteilen und hängen, das ist häßlich und thracisch roh wie die Anchona.

Ein Spiel kann *kindisch* seyn, das ist kein Fehler, wenn es für Kinder ist; aber ein Spiel kann nach dem feinen Tone ehrbar, oder angemessener gesprochen, reizend und schön seyn, und ist für Kinder noch unehrbarer als für Erwachsene. Dieß sey meine kurze Schutzrede für kleine Tändeleyen, die man hier und dort finden wird.

Gefährliche Spiele taugen nichts, denn mit Gesundheit und Leben ist kein Scherzen. Ich habe daher manches Spiel, das durch seine Neuheit gefallen haben würde, unterdrückt. Doch gebe ich noch zu bedenken, daß *gefährlich* ein sehr beziehender (relativer) Begriff sey; man ist selbst im Sofa nicht sicher.

Kein Spiel sey endlich *leer* von allem Gehalte, von allem Nutzen; Niemand handelt gern ohne Absicht. Spiele müßen daher *Uebungen* seyn, die für die Jugend (für die Alten auch) auf irgend eine Art vorteilhaft sind. Sie müssen den Körper bald mehr bald minder bewegen und seine Gesundheit befördern, es geschehe nun durch Laufen, Springen u. s. w. oder durch fröhliches Lachen und sanfte Bewegung. Sie müssen Schnelligkeit, Kraft und Biegsamkeit in die Glieder bringen, den Körper bald zufällig, bald absichtlich gegen Schmerzen abhärten und bald diesen, bald jenen Sinn, in lebhafte Thätigkeit setzen. Sie müssen für die Jugend unterhaltend seyn, bald ihre Erwartung, bald ihre Ehrliebe, bald ihre Thätigkeit spannen, bald ihre zu große Empfindlichkeit abstumpfen, ihre Geduld prüfen, ihre

Besonnenheit und ihren jugendlichen Muth gewissermaßen auf die Probe stellen. Sie seyn endlich Uebungen für Beobachtungsgeist, Gedächtniß, Aufmerksamkeit, Phantasie, Verstand u. s. w.

Wir haben kein Spiel, das diesen vielsagenden Forderungen allein und vollkommen Genüge leistet; aber doch viele, die sich diesem Bilde sehr nähern, wenigstens bald dieser bald jener Forderung entsprechen.

Der menschliche Geist ist in Spielen sehr sinnreich, denn sagt Leibnitz: il s'y trouve à son aise. Das ist eine große Lobrede auf die Spiele in wenig Worten. Die Zahl der Spiele ist wirklich Legion. Jener große Mann bringt sie unter drey Classen, er theilte sie a) in solche, die bloß auf Zahlen beruhen, b) bey denen es noch auf eine bestimmte Lage der Dinge ankommt, („ou entre encore la situation) und c) in bewegende.[22] Mir gefällt diese Abtheilung nicht, theils weil sie nicht alle Spiele umfaßt, theils weil sie bloß nach dem Materiale des Spiels gemacht ist, welches bey den Spielen bey weiten nicht die Hauptsache ist. Nach der gewöhnlichen Classification zerlegt man die Spiele in *sitzende* und *bewegende*, das ist gut, wenn man aber ferner von Gesellschafts, belehrenden und Hasardspielen redet, so ist hier nichts als Verwirrung der Begriffe.

Die einzige richtige Abtheilung der Spiele, muß, so scheint es mir, von ihrem Hauptprincipe, nämlich von der *Thätigkeit* hergenommen werden, indem man sie nach den verschidenartigen Aeußerungen derselben ordnet. Im Körper ist nicht der Quell der Thätigkeit, daher giebt es gar keine reinen Körperspiele, man müßte denn passive Bewegungen des Körpers dafür annehmen; sondern allein im Geiste. Eben daher sind alle bewegenden Spiele mit Uebungen der Geisteskräfte verbunden. Allein der Trieb zur Thätigkeit äußert sich oft mehr durch den Körper, daher körperliche oder *Bewegungsspiele*; oft *mehr* und

---

22 In einem Briefe an den Mathematiker Remond. Oevres Tome 5, p. 28.

oft ganz *allein* durch geistige Kräfte; daher Spiele des Geistes, die man *sitzende,* besser *Ruhespiele* nennt, weil der Körper dabey weniger, gleichsam nur beyläufgig oder auch gar nicht in Bewegung gesetzt wird. So entstehen zwey Klassen der Spiele. Eine scharf abschneidende Theilungslinie, die durch die Natur der Sache sebst zöge, scheint beym ersten Anblicke zwischen beyden Klassen nicht statt zufinden, sie ist aber allerdings da, zwischen dem größten Theile der Spiele. Nur bey manchen ist es schwer, ihre Classification zu unterscheiden. Bey diesen, so wie überall, untersuche man den Werth der Uebung, da sie auf der einen Seite für den Körper, auf der andern für den Geist gewähren. Ist jene bedeutender als diese, so gehören sie unter die Bewegungsspiele und so umgekehrt. So ist z. E. das Spiel, *der König ist nicht zu Hause* mit körperlicher Bewegung verbunden, allein die Uebung der Aufmerksamkeit ist doch überwiegender und bedeutender, als die wenige Bewegung im Zimmer, ich rechne es daher zu den Ruhespielen; so bald aber dasselbe Spiel, unter dem Namen *der Bildhauer ist fort,* im Freyen getrieben, mit mancherley Körperstellungen, auch mit Laufen und Springen verbunden wird: so hat die Körperbewegung hier mehr Werth als die Uebung der Aufmerksamkeit, folglich gehört es dann unter die Bewegungsspiele.

Die Thätigkeit des Geistes, die ohne Ausnahme bey allen Spielen statt findet, wirket durch die verschiedenen Erkenntniskräfte, bald durch die Phantasie, bald durch das Gedächtniß, bald durch den Witz u. s. w. Wenn auch diese Kräfte in ihren Aeuserungen nie völlig getrennt erscheinen, sondern, wie Theile einer Maschine, immer in einer gewissen Verbindung wirken: so zeigt sich doch bald diese bald jene allein, oder mit einer andern gemeinschaftlich, vorzüglich wirksam. Hierdurch entstehen die verschiedenen *Ordnungen* der Spiele, nämlich:

1 Spiele des Beobachtungsgeistes und des sinnlichen Beurtheilungsvermögens

2 – der Aufmerksamkeit,

3 – des Gedächtnisses,
4 – der Phantasie und des Witzes,
5 – des Verstandes und der höhern Beurtheilungskraft,
6 – des Geschmacks.

Endlich ist bey einem Systeme der Spiele wegen der Methode im Vortrage noch Rücksicht zu nehmen auf das Materiale dieses besteht in Kugeln, Bällen, Scheiben, u. s. w. oft selbst in den spielenden Personen. Hierdurch entstehen die verschiedenen *Arten* der Spiele, als *Ballspiele, Kugelspiele, Scheibenspiele* und *Gesellschaftsspiele,* zu welchen letztern alle diejenigen gehören, bey denen die Personen selbst das Materiale ausmachen.

Verzeichnis der Quellen

Salzmann, Christian Gotthilf (1808): Unterricht in der christlichen Religion. Schnepfenthal, 1–3, 30–41.

Salzmann, Christian Gotthilf ([2]1786): Gottesverehrungen gehalten im Betsale des Dessauischen Philanthropins. Wolfenbüttel, 230–242.

Salzmann, Christian Gotthilf (1807): Heinrich Gottschalk in seiner Familie oder erster Religionsunterricht für Kinder von 10 bis 12 Jahren. Schnepfenthal, 145–152.

GutsMuths, Johann Christoph Friedrich (1818): Katechismus der Turnkunst. Ein Leitfaden für Lehrer und Schüler. Frankfurt a. M., 1–9.

GutsMuths, Johann Christoph Friedrich ([2]1804): Gymnastik für die Jugend. Ein Beytrag zur nöthigsten Verbesserung der körperlichen Erziehung. Schnepfenthal, 1–32.

GutsMuths, Johann Christoph Friedrich (1796): Spiele zur Übung und Erholung des Körpers und des Geistes. Schnepfenthal, 1–45.

Anja Richter (Hrsg.)
Inszenierte Bildung
Historische Festreden als
Spiegel protestantischer
Schulkultur

*Quellen zur protestantischen
Bildungsgeschichte (QPBG) | 1*

144 Seiten | Paperback
ISBN 978-3-374-03211-2
EUR 19,80 [D]

Schulreden eröffnen einen sehr praxisnahen Zugang
zur Geschichte protestantischer Bildungsinstitutionen.
Die Edition vereint ausgewählte Schulreden, die an bekannten sächsischen Gymnasien im 19. und frühen
20. Jahrhundert gehalten worden sind. Jubiläumsreden
eröffnen die Sammlung. Der Bogen spannt sich von den
300-Jahrfeiern St. Afras 1843 und St. Augustins 1850
über 700 Jahre Leipziger Thomasschule 1912 bis hin zu
den 400-Jahrfeiern der Leipziger Nikolaischule 1912 und
des Freiberger Gymnasiums 1915. Den Abschluss bilden
drei Entlassungsreden.

EVANGELISCHE VERLAGSANSTALT
Leipzig www.eva-leipzig.de

Tel +49 (0) 341/ 7 11 41 -16   vertrieb@eva-leipzig.de